Mathilde Lelièvre

Unverwüstliche Zimmer- und Balkonpflanzen

50 Überlebenskünstler, die mit fast gar nichts auskommen

Bassermann

Succulente
•
Design Végétal

Mathilde Lelièvre

Ein herzliches Willkommen an alle, die glauben, keinen grünen Daumen zu besitzen: Hier sind Sie richtig! Ich möchte Ihnen in diesem Buch zeigen, wie einfach es ist, das eigene Zuhause und Leben mit Pflanzen zu bereichern.

Mit meinem Diplom als Landschaftsarchitektin und einem Master im Bereich Umweltwissenschaft in der Tasche gründete ich 2015 meine Firma Succulente Design Végétale mit dem Ziel, meine beiden Leidenschaften zu verbinden: das Gärtnern und die Wohndekoration, vor allem im städtischen Kontext. Mein Wunsch ist es, den Menschen wieder Berührungspunkte mit der Natur zu ermöglichen. Dabei denke ich in sämtlichen Größenordnungen: von der ganzen Stadt bis zum Couchtisch im heimischen Wohnzimmer. Anfangs entwarf ich eine Serie von Terrarien und rief Workshops ins Leben, um allen beizubringen, wie man sie fertigt. So ein kleines Ökosystem im Glas braucht nur sehr wenig Pflege, einige Terriariumpflanzen müssen sogar nur ein- bis zweimal im Jahr gewässert werden! Das schien mir die perfekte Möglichkeit zu sein, sich an einem Gewächs zu erfreuen, selbst wenn man sich nicht besonders gut damit auskennt. In meiner Begeisterung schrieb ich zwei Bücher zu dem Thema, die auf Französisch bei Éditions Solar erschienen sind.

2018 eröffnete ich dann in Rennes eine Boutique, in der ich seither Workshops anbiete und nach wie vor Terrarien, aber auch eine große Auswahl an Pflanzen außerhalb hübscher Gläser präsentiere. Im Kontakt mit zahlreichen Interessierten stellte ich fest, dass viele sich zwar mehr Grün in ihrem Zuhause wünschen, aber davor zurückschrecken, weil sie meinen, nicht über den berühmten „grünen Daumen" zu verfügen. So begann in mir allmählich die Idee zu diesem Buch zu keimen ...

Ich für meinen Teil glaube nicht an grüne oder schwarze Daumen! Das Gärtnern ist eine Abfolge von Erfahrungen, die mal mehr und leider auch mal weniger glücklich ausfallen, die aber vor allem dazu beitragen, dass man immer vertrauter mit den Pflanzen wird. Wenn dann der Zeitpunkt gekommen ist und eins dieser Geschöpfe Sie auserwählt, stehen Sie am Beginn eines aufregenden Abenteuers. Zugegeben, einige Pflanzen sind leichter am Leben zu erhalten und in unserem Zuhause zu akklimatisieren als andere. Um Ihnen den Einstieg so einfach wie möglich zu gestalten, stelle ich Ihnen in diesem Buch daher 50 Arten vor, die quasi unverwüstlich sind. Mögen Ihnen diese pflegeleichten Exemplare den Weg in die wunderbare Welt der Pflanzen ebnen.

Viel Spaß beim Lesen und viele schöne Erlebnisse mit Ihren Pflanzen!

Die Bedeutung der Symbole

Größe der Pflanze

Nützliche Infos zum Eingewöhnen der Pflanze in Ihrem Zimmer oder Garten

Empfohlene Lichtverhältnisse

Idealer Standort

Gießempfehlung

Verträglicher Temperaturbereich

Blätter

Blüte

Tipps zur Vermehrung durch Stecklinge

Inhalt

Einleitung

Wer hätte noch nicht darüber nachgedacht, sein Zuhause mit Pflanzen zu verschönern? Oder gar inmitten eines kleinen Dschungels zu leben? Angesichts der zunehmenden Gentrifizierung unserer Städte, unserer hektischen Lebensweise, der Notsituation unseres Klimas und unserer Umwelt lässt sich ein wiederentdecktes Interesse an der Natur mit ihren vielfältigen positiven Auswirkungen auf unser Leben erkennen.
Jeder, der sich mit Grün umgibt, kann diese wohltuenden Effekte selbst erfahren: Pflanzen steigern unser Wohlbefinden, fördern den Stressabbau, säubern die Luft, und ihre Pflege hat nicht zuletzt eine soziale Komponente.
Aber warum borden unsere Wohnräume dann nicht vor Pflanzen über?
Sie wissen, was jetzt kommt, oder? Ich bin ziemlich sicher, dass Sie beim Lesen dieser Frage spontan antworten würden: „... weil ich keinen grünen Daumen habe."
Eine Pflanze sterben zu sehen, ist keine schöne Sache. Darin sind wir uns einig. Wenn sich die Tragödie dann auch noch wiederholt, kann das sehr entmutigend sein. Aber denken Sie daran: Gärtnern beruht auf Erfahrung! **Man sollte also nicht zu schnell aufgeben und vor allem zum Einstieg die richtigen Pflanzen auswählen.** Kennt man dann noch zwei, drei elementare Regeln, kann man in aller Ruhe die eigene grüne Seite aufblühen sehen.
Sie haben dieses Buch doch aufgeschlagen, weil eine gewisse Hoffnung und ein Wille schon bestehen. **Seien Sie willkommen, Sie sind hier genau richtig!**

Wo kauft man Pflanzen?

Heute werden Pflanzen fast überall angeboten: in Baumschulen und Blumenläden, auf Märkten, im Supermarkt … bis hin zum Dekolädchen an der Ecke. Aber Vorsicht, eine Pflanze ist keine Packung Nudeln – da gilt es von Anfang an, die richtigen Weichen zu stellen.

In einer **Baumschule** finden Sie eine große Auswahl an **Außenpflanzen** von hoher Qualität, da sie häufig direkt vor Ort von Spezialisten kultiviert werden, die Sie auch fachkundig über die richtige Pflege beraten können. Die Preise sind oft erschwinglicher als anderswo und das Angebot hochwertiger. Es gibt Baumschulen mit allen möglichen Spezialisierungen, zum Beispiel solche für Sukkulenten, Stauden, Bambusgewächse, Nadelhölzer, immergrüne Pflanzen ... Denken Sie daran, dass einige Baumschulen auch auf **Märkten** vertreten sind.
Gärtnereien bieten ebenfalls eine große Vielfalt, sowohl an Außen- als auch an Innenpflanzen. Lassen Sie sich vor Ort beraten, und schauen Sie sich den Zustand der Pflanze (die mit Sicherheit stark behandelt wurde) vor dem Kauf genau an. Gerade für Zimmerpflanzen gibt es oft eine interessante Auswahl und attraktive Preise.

Als Großstädter sollten Sie auch an die kleinen Händler in Ihrer Nähe denken: **Blumenläden und spezialisierte Boutiquen** halten häufig eine schöne Auswahl an Pflanzen für drinnen und draußen bereit. Beratung und ein offenes Ohr für die Kundschaft wird meist großgeschrieben.

Auch **immer mehr Großhändler** verkaufen als Reaktion auf die steigende Nachfrage Pflanzen zu Tiefstpreisen. In diesen nicht spezialisierten Märkten werden Sie allerdings nur wenig Hilfe bei der Wahl Ihrer Pflanze erhalten, und die niedrigen Preise spiegeln oft eine mäßige Qualität wider.
Natürlich können Sie Ihre Pflanzen auch **bestellen.** Dann sollten Sie aber möglichst darauf achten,einen Händler in Ihrer Nähe zu wählen (bedenken Sie den Transport) und in welcher Form die Pflanzen angeboten werden: als Samen, Knollen, Wurzeln ... Das kann ein interessanter Faktor sein. Die persönliche Begutachtung einer Pflanze vor dem Kauf lässt sich aber nur schwer ersetzen.
Wenn Sie sich noch nicht bereit fühlen, eine Pflanze zu kaufen, versuchen Sie es doch erst einmal mit einem **Ableger**. Wer hat sie nicht, die Nachbarin oder Oma, die jederzeit anbietet, Ihnen einen ihrer zahlreichen mit Liebe großgezogenen Ableger abzugeben? Das nächste Mal sagen Sie einfach ja! Wenn Sie so ins Gärtnern einsteigen, nimmt Ihnen das mit Sicherheit einiges an Druck.

Erfolgreich gärtnern

ZEHN GEHEIMTIPPS FÜR GESUNDE PFLANZEN

1. Den richtigen Standort finden

Drinnen können dies alle Räume sein, die ein Minimum an natürlichem Lichteinfall haben, vom Esszimmer bis zum Bad. Bedenken Sie, dass es auch sehr hübsch aussehen kann, wenn Sie Ihre Pflanzen von der Decke herabhängen oder an einem Möbelstück herunterranken lassen.

Noch ein Tipp: Anstatt Ihre Pflanzen direkt auf den Boden zu stellen, sollten Sie sie nach Möglichkeit etwas höher platzieren, zum Beispiel auf einem niedrigen Tisch oder einem Pflanzenhocker. Das gibt ihnen optisch mehr Volumen.

Ein paar Worte zu der durchaus verbreiteten Sorge vor dem Ersticken durch Zimmerpflanzen. Wenn es Nacht wird, findet aufgrund des fehlenden Lichts keine Fotosynthese statt. Das heißt, die Pflanzen produzieren in dieser Zeit keinen Sauerstoff, geben dafür aber auch nur eine sehr geringe Menge Kohlendioxid ab. Eine Pflanze stößt 40 Mal weniger (!) CO_2 aus als die Person, die neben Ihnen im Bett liegt. Von ihr geht also keinerlei Gefahr für Sie aus.

Im Freien kann jeder kleinste Winkel bepflanzt werden, der die in dieser Einleitung dargestellten Bedingungen erfüllt – selbst wenn es sich dabei nur um ein Fensterbrett handelt.

2. Man muss keine Leuchte sein, um eine Pflanze zu adoptieren

Jede Pflanze hat ihre eigenen Vorlieben bezüglich der Intensität von Wärme und Licht. Draußen gibt es sowohl bei verglasten als auch bei besonders offenen, windigen Balkonen einige Dinge zu beachten, damit es Ihren Pflanzen gut geht. Aber keine Panik, es gibt für jede Situation die richtige Pflanze!

Drinnen brauchen Sie sich ebenfalls keine Sorgen zu machen, es existieren wirklich äußerst robuste Pflanzen, selbst für dunkle Plätze (zum Beispiel die Keulenlilie, der Efeu, der Philodendron, das Zebrakraut ...). Sie sind auf Seite 125 aufgelistet.

Nachdem das gesagt wurde, hier eine der goldenen Regeln: Vermeiden Sie direkte Sonneneinstrahlung. Gerade durch die Fensterscheibe hindurch entsteht eine Art „Lupeneffekt“, der Ihre Pflanzen verbrennen könnte.

3. Der Topf macht die Musik

Es ist unerlässlich, dass ein Blumentopf unten ein oder mehrere Löcher hat, damit überschüssiges Gießwasser abfließen kann. Ist dies nicht der Fall, kann es passieren, dass die Wurzeln ertränkt werden. Damit ist ja keineswegs gesagt, dass Sie diesen Topf nicht in einen schönen Übertopf stellen können, der zu Ihrer Einrichtung passt.

Sie haben sowohl die Möglichkeit, Ihre Pflanze in ihrem ursprünglichen Plastiktopf zu belassen, als auch, sie in ein Terrakottagefäß umzutopfen. Terrakottatöpfe sind schwerer und dadurch standfester, aber auch schwieriger umzustellen. Plastiktöpfe hingegen vertragen Frost besser, können dafür aber schlechter Feuchtigkeit speichern und müssen am Ende ihrer Nutzung recycelt werden.

4. Liebe und frisches Wasser, aber mit Maß

Eine der goldenen Gärtnerregeln lehrt uns: besser zu wenig gießen (und nötigenfalls noch etwas nachwässern) als zu viel (da sich das Wasser schlecht wieder „aus der Erde herausholen“ lässt).

Für die meisten Pflanzen gilt, dass man warten sollte, bis die Erde trocken geworden ist, bevor man wieder gießt. Prüfen Sie vor dem Gießen mit einem Finger, ob die Erde wirklich trocken ist – manchmal ist zwar die Oberfläche trocken, die Erde darunter aber noch feucht. Eine gute Möglichkeit, Ihre Pflanzen mit Feuchtigkeit zu versorgen, sind Tauchbäder. Bei dieser Methode wird die Pflanze von unten gewässert, indem der Topf zu maximal Dreivierteln in Wasser gestellt wird. Durch Kapillarität steigt das Wasser auf und durchfeuchtet die gesamte Erde im Topf, wodurch die Pflanze optimal mit Wasser versorgt wird. Sobald die Feuchtigkeit bis zur Oberfläche der Erde vorgedrungen ist, nehmen Sie den Topf aus dem Wasser, lassen die Pflanze abtropfen und stellen sie zurück an ihren Platz.

Beobachten Sie neben dem Zustand der Erde auch Ihre Pflanze: Wenn die Blätter anfangen, welk zu werden oder abzufallen, ist dies ein deutliches Zeichen dafür, dass Ihre Pflanze Wasser braucht!

5. Die Luftfeuchtigkeit anpassen

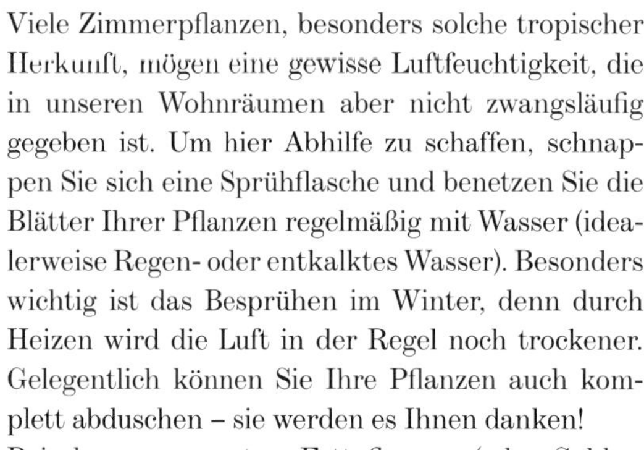

Viele Zimmerpflanzen, besonders solche tropischer Herkunft, mögen eine gewisse Luftfeuchtigkeit, die in unseren Wohnräumen aber nicht zwangsläufig gegeben ist. Um hier Abhilfe zu schaffen, schnappen Sie sich eine Sprühflasche und benetzen Sie die Blätter Ihrer Pflanzen regelmäßig mit Wasser (idealerweise Regen- oder entkalktes Wasser). Besonders wichtig ist das Besprühen im Winter, denn durch Heizen wird die Luft in der Regel noch trockener. Gelegentlich können Sie Ihre Pflanzen auch komplett abduschen – sie werden es Ihnen danken!
Bei den sogenannten Fettpflanzen (oder Sukkulenten) sieht die Sache ganz anders aus. Sie stammen aus kargen, heißen und trockenen Wüstengebieten. Für sie vergessen Sie das Besprühen ganz schnell wieder, und achten Sie im Gegenteil darauf, dass beim Gießen kein Wasser auf ihren Blättern zurückbleibt. Das kann sie schädigen.

6. Verjüngungskur durch Umtopfen

Draußen in der Natur steht Pflanzen ein sehr großes unterirdisches Areal zur Verfügung, um ihre Wurzeln auszubilden und sich mit Nährstoffen zu versorgen. Unseren geliebten Topfpflanzen ist dies nicht vergönnt, sodass sie sich nach einer gewissen Zeit unwohl fühlen können, wenn sich ihre Wurzeln in einer immer nährstoffärmeren Erde verknäulen. Daher empfiehlt es sich, Pflanzen im Schnitt alle zwei bis drei Jahre in einen etwas größeren Topf mit frischer Erde umzusetzen, um ihnen eine zweite Jugend zu schenken. Zum Umtopfen nehmen Sie die Pflanze aus ihrem Gefäß, befreien die Wurzeln vorsichtig von der alten Erde und pflanzen sie in einen neuen Topf, in dem sie zuvor eine Schicht Pflanzgranulat und etwas Erde platziert haben. Verteilen Sie nun rund um die Pflanze neue Erde, die Sie leicht andrücken und reichlich gießen. Fertig!
Wenn Ihnen der Gedanke an eine komplette Umtopfung nicht behagt, gönnen Sie Ihrer Pflanze wenigstens ein kleines „Facelifting“, das sich besonders für Topfpflanzen im Freien eignet: Nehmen Sie einfach von oben etwas Erde weg, und ersetzen Sie sie durch neue. Das ist zwar nicht ganz so effektiv wie das Umtopfen, aber immer noch besser, als die Pflanze auszehren zu lassen.

7. Die richtige Erde ist kein Hexenwerk

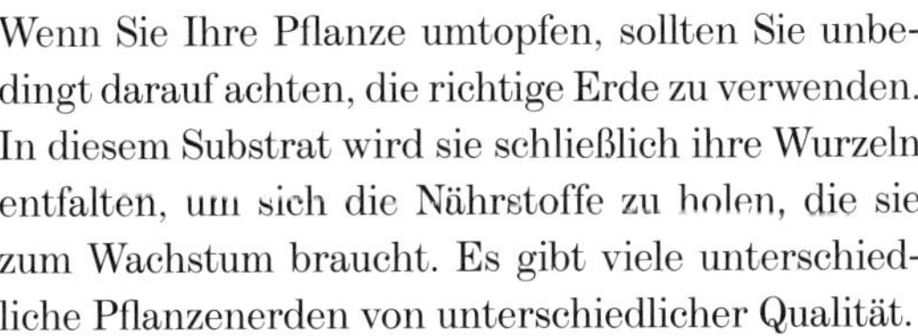

Wenn Sie Ihre Pflanze umtopfen, sollten Sie unbedingt darauf achten, die richtige Erde zu verwenden. In diesem Substrat wird sie schließlich ihre Wurzeln entfalten, um sich die Nährstoffe zu holen, die sie zum Wachstum braucht. Es gibt viele unterschiedliche Pflanzenerden von unterschiedlicher Qualität.

Für drinnen

Hier empfiehlt es sich, eine **spezielle Blumenerde** zu verwenden, die durch die Zugabe von Sand lockerer und luftiger ist. Dies begünstigt das Wachstum und die Erholung ihrer Zimmerpflanzen.
Für Ihre **Sukkulenten** gibt es extra auf ihre Bedürfnisse abgestimmte Substratmischungen mit Sand und Kies. Diese sind viel lockerer und dadurch wasserdurchlässiger als andere Erden, damit die Wurzeln dieser feuchtigkeitsempfindlichen Pflanzen immer schön trocken bleiben.

Für draußen

Die **Universal-Pflanzerde**, die überall leicht erhältlich ist, ist für alle Anpflanzungen geeignet, vor allem für Sträucher im Freien. **Gartenerde** (angereichert mit Dünger oder Kompost) ist für blühende Außenpflanzen die richtige Wahl. Es gibt auch spezielle **„Topfpflanzenerde“**, bei der es sich um eine mit Dünger versetzte Universalerde handelt.

8. Von Zeit zu Zeit ein Leckerli

Topfpflanzen haben zwangsläufig eines Tages alle Nährstoffe aus der sie umgebenden Erde aufgenommen. Um einer Mangelversorgung entgegenzuwirken, sollte man die Pflanzen deshalb ab und an düngen.
Ob Sie sich für Granulat oder Stäbchen (mit langsamerer Abgabe) oder einen Flüssigdünger (verdünnt im Gießwasser) entscheiden, bleibt Ihnen überlassen. Für eine höhere Wirksamkeit können sie auch beide Methoden kombinieren. Jedenfalls sind Düngemittel zu 100% natürlichen Ursprungs zu bevorzugen sowie die Herstellerangaben zur Anwendungszeit (Frühling, Sommer) und Dosierung zu beachten.

9. Mulch für vergessliche Gießer

Im Freien ist Mulch ein guter Verbündeter, um die Feuchtigkeit im Boden zu halten, denn er hemmt die Verdunstung. Er kann sowohl mineralisch sein, also anorganisch, als auch organisch. Eine Schicht mineralischer Mulch wird in Form von Schotter, Pflanzgranulat, Schiefer oder Kieseln auf der Erde ausgelegt. Als organischen Mulch können Sie zum Beispiel Rasenschnitt, Stroh oder Rinde verwenden. Mulch hat noch weitere Vorteile: Er schützt Ihre Pflanzen im Winter vor Frost und gibt Nährstoffe an den Boden ab. Allerdings muss er regelmäßig erneuert werden. Balkonpflanzen können übrigens auch gemulcht werden.

10. Regelmäßige Pflegeeinheiten

Um Ihre Pflanzen gesund zu erhalten, gewöhnen Sie sich am besten kleine Pflegerituale an, die Sie regelmäßig anwenden: So sollten Sie gelbe oder verwelkte Blätter zurückschneiden und die Blätter mit einem Schwamm oder gleich unter der Dusche reinigen, wenn Sie bemerken, dass sich darauf Staub angesammelt hat, denn Staub behindert die Atmung und Fotosynthese der Pflanzen. Auf Blattglanzsprays sollten Sie hingegen verzichten, sie bringen nichts und sind zudem sehr umweltschädlich. Diese kleinen Gesten werden Sie nicht stundenlang aufhalten, versprochen!

Einige Pflanzen werden auch gerne beschnitten. Keine Angst, alles wird gutgehen. Nutzen Sie draußen eine Gartenschere, um abgestorbene Äste zu entfernen und Ihre Pflanze in die gewünschte Form zu bringen. Ihre Zimmerpflanzen können Sie auch „kneifen“, indem Sie ihre jüngsten Triebe direkt oberhalb des Blattknotens (also der Stelle, an der das Blatt mit dem Hauptstamm der Pflanze verbunden ist) mit zwei Fingernägeln einschneiden. Dadurch bildet sie weitere Nebentriebe und wird voluminöser.

Keine Panik!

ZEHN VERMEIDBARE FEHLER

1. Direkte Sonneneinstrahlung

Das Problem für Zimmerpflanzen rührt eigentlich nicht von der Sonne, sondern von Ihren Fensterscheiben her, die einen Lupeneffekt erzeugen und die Strahlen verstärken, die durch das Glas fallen. So, wie wir uns bei zu starker Sonneneinstrahlung einen Sonnenbrand holen können, laufen auch Pflanzen Gefahr, vertrocknete oder gar verbrannte Blattränder davonzutragen. Wenn Sie so etwas beobachten, rücken Sie Ihre Pflanze ein Stück weiter vom Fenster weg. Die Intensität des Lichts nimmt mit zunehmender Entfernung tatsächlich rapide ab: Sie verringert sich schon bei zwei Meter Abstand zum Fenster auf ein Viertel der Stärke, die direkt hinter dem Glas herrscht.

2. Lichtmangel

Licht ist die alles entscheidende Kraft bei der Fotosynthese, die das Leben der Pflanzen ermöglicht. Um überleben und wachsen zu können, wandeln Pflanzen die Lichtenergie in Zucker (Kohlenhydrate) um. Zu wenig Licht bringt Pflanzen also in große Not mit der Folge, dass ihre Blätter gelb werden, dann abfallen und die Pflanze schließlich sogar daran sterben kann.

Wenn Ihre Räume nicht über ausreichend natürliche Lichtquellen verfügen, sollten Sie über die Installation von künstlichem Licht nachdenken – energiesparende Pflanzenlampen sind im Gartenfachhandel erhältlich und können eine gute Ergänzung sein. Alternativ können Sie sich auch bewusst Pflanzen aussuchen, die es dunkel mögen – einen geeigneten Kandidaten finden Sie z. B. auf Seite 55.

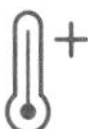

3. Überhitzung

Die zunehmend heißen Sommer in unseren Breiten machen unseren Schützlingen zu schaffen. Dennoch sind und bleiben die Winter die schwierigste Jahreszeit für sie. Trockene Heizungsluft ist für Zimmerpflanzen schwer auszuhalten, da sie zu großen Teilen aus feuchten Gebieten stammen. Denken Sie also daran, ausreichend Abstand zwischen Ihre Pflanzen und sämtliche Wärmequellen, wie Heizkörper und Öfen, zu bringen. Außerdem sollten Sie die Blätter Ihrer Zimmerpflanzen (mit Ausnahme von Kakteen und anderen Sukkulenten) so regelmäßig wie möglich mit Wasser besprühen.

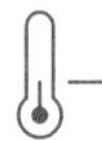

4. Unterkühlung

Ebenso wie zu viel Hitze können Pflanzen zu große Kälte nicht gut vertragen. Sie sollten sie daher nicht an zugige Orte stellen und im Winter darauf achten, sie ein Stück von Fenstern und Glasscheiben zu entfernen, da diese Kälte abgeben.

5. Zu viel Wasser

Zu viel Wasser kann fatale Folgen für Ihre Pflanzen haben! Wurzeln sind äußerst sensibel. Wenn sie ständiger Feuchtigkeit ausgesetzt sind, kann das zur Fäulnis und schließlich zum Tod Ihrer Pflanzen führen. Sollten Sie es dennoch einmal zu gut gemeint haben, lassen Sie Ihre Pflanze gut abtropfen, leeren Sie regelmäßig den Untersetzer oder Übertopf, und schützen Sie die Pflanze vor direktem Licht und zu viel Wärme. Warten Sie dann, bis die Erde gut getrocknet ist (mindestens 4–5 cm tief), bevor Sie wieder an Gießen denken. Sollte Ihre Pflanze überhaupt nicht genesen wollen, können Sie als letzte Rettungsmaßnahme eine Umtopfung in trockenere Erde in Erwägung ziehen.

6. Zu wenig Wasser

Sollten Sie Ihre Pflanze hingegen über längere Zeit zu gießen vergessen haben und diese daraufhin einen verdursteten Eindruck machen (sehr trockene Erde, hängende und welke oder an den Rändern vertrocknete Blätter), ist ein ausgiebiges Tauchbad angesagt (siehe Seite 9). Zuvor sollten Sie aber alle geschädigten Blätter entfernen. Achten Sie darauf, dass die gesamte Erde sich vollgesaugt hat, bevor Sie Ihre Pflanze zurück an ihren Platz stellen.

7. Zu kaltes Gießwasser

So überraschend es sein mag, die Wurzeln unserer Pflanzen sind kälteempfindlich. Verwenden Sie also kein zu kaltes Wasser zum Gießen. Das gilt insbesondere im Sommer, um einen Temperaturschock zu vermeiden. Idealerweise hat das Gießwasser Raumtemperatur.

8. Der falsche Dünger

Wenn Pflanzen nicht gedüngt werden, sterben sie dadurch nicht sofort, da sie durch die sie umgebende Erde über eine Grundversorgung an Nährstoffen verfügen. Mit der Zeit werden die Nährstoffe aber immer weniger, und wenn sie schließlich alle aufbraucht hat, wird die Pflanze zugrunde gehen. Aus diesem Grund ist es wichtig, ihr regelmäßig Dünger zu verabreichen. Dabei muss unbedingt auf die angegebenen Anwendungszeiten und Dosierungen geachtet werden, denn eine Überdosierung von Düngemitteln kann ebenfalls schlimme Folge haben.

9. Vermeidbare Fehler bei Sukkulenten

Sukkulenten (Kakteen und andere Fettpflanzen) sind zum Teil als Zimmerpflanzen geeignet, weil sie aus kargen Wüstengegenden stammen und gute Anpassungsfähigkeiten entwickelt haben. Im Gegensatz zu den meisten anderen Zimmerpflanzen mögen sie in der Regel sehr helle, warme und trockene Plätze. Also: kein Besprühen, keine zu großzügigen Gießaktionen für Sukkulenten! Es handelt sich in der Mehrzahl um Pflanzen, die man „vergessen kann", denn sie besitzen Wasserspeicher in ihren Blättern, Ästen und Wurzeln, die ihnen in langen Dürreperioden das Überleben ohne Wasser sichern.

10. Vermeidbare Fehler bei Außenpflanzen

Im Freien sind Pflanzen, egal ob sie im Kübel oder im Beet wachsen, dem Wetter ausgesetzt. Passen Sie Ihr Gießverhalten daher dem Wetterbericht an: In trockenen Phasen sollten Sie frühmorgens oder spätabends, das heißt zu den kühlsten Zeiten, gießen. Im Winter, wenn Frost zu erwarten ist, sollten Sie Ihre Pflanzen mit einer guten Mulchschicht und eventuell einer geeigneten Abdeckung schützen. Topfpflanzen freuen sich darüber hinaus nicht nur drinnen, sondern auch draußen über eine regelmäßige und an ihre Bedürfnisse angepasste Düngung.

??? Häufig gestellte Fragen ???

1

Wie groß soll der neue Topf beim Umtopfen sein?

Beim Umtopfen geht es in erster Linie um die frische Erde. Setzt man die Pflanze in einen viel zu großen Topf, tut ihr das nicht gut. Wählen Sie einen Topf mit demselben oder ein wenig (1 – 3 cm) größeren Durchmesser wie der bisherige.

2

Kann man mehrere Pflanzen zusammen in einen Topf setzen?

Ja, das kann man, aber nur wenn die Pflanzen dieselben Ansprüche an Wasser, Licht und Nährstoffe haben. Versuchen Sie auch, Pflanzen in einem ähnlichen Entwicklungsstadium auszuwählen, um zu verhindern, dass einige sich auf Kosten der anderen zu sehr ausbreiten.

3

Was tun, wenn die Wurzeln durch das Loch im Topfboden herauswachsen?

Das ist ein Zeichen dafür, dass es Ihrer Pflanze zu eng wird und Sie sie umtopfen sollten. Entnehmen Sie sie vorsichtig aus dem Topf, entwirren Sie die Wurzeln beziehungsweise schneiden Sie beschädigte Wurzeln ab, und setzen Sie die Pflanze in einen etwas größeren Topf um.

4

Muss der Topf immer ein Loch haben?

Ja, ja und nochmals ja! Ein Topf mit Löchern erlaubt überschüssigem Wasser abzufließen, anstatt sich zu stauen und die Wurzeln zu ertränken. Wenn es so weit kommt, können Sie sich nämlich von Ihrer Pflanze verabschieden.

5

Müssen Pflanzen aus Plastiktöpfen immer umgetopft werden?

Nein, da können Sie entspannt sein. Abgesehen von ihrem Äußeren spricht nichts dagegen, Plastiktöpfe für die Aufzucht von Pflanzen zu verwenden.

6

Was ist wasserdurchlässige Erde oder Substrat?

Dabei handelt es sich um eine lockere Erde, die durch die Zugabe von Tonkügelchen, Pflanzgranulat, Perlit (kleine weiße Gesteinskügelchen) oder Ähnlichem mehr Wasser aufsaugen kann.
Dadurch verteilt sich das Wasser besser und kann auch leichter abfließen, falls Sie dazu neigen, zu viel zu gießen.

7

Was bringen Tonkügelchen?

Sie lockern das Substrat auf und entwässern Ihren Blumentopf. Eine Schicht auf dem Boden des Topfs schützt die Wurzeln vor dem Gießwasser, das sich beim Abfließen stauen kann.

8

Wie oft soll ich meine Pflanzen gießen?

In den meisten Fällen sind Sie gut beraten, wenn Sie auf die Erde achten. Warten Sie mit dem Gießen, bis mehrere Zentimeter trocken sind (stecken Sie zum Testen einen Finger in Erde). Die Häufigkeit hängt also von der Wärme in Ihren Räumen ab.

9

Was ist die ideale Temperatur für Gießwasser?

Zimmertemperatur. Pflanzen reagieren empfindlich auf zu große Temperaturunterschiede – vermeiden Sie daher besonders im Sommer, ihnen zu kaltes Wasser zu geben.

10

Soll man Pflanzen nach draußen stellen, wenn es regnet?

Wenn Sie die Möglichkeit haben, werden Ihre Pflanzen (außer Sukkulenten) eine natürliche Dusche sehr genießen. Verzichten Sie aber darauf, sie bei Temperaturen unter 15 Grad, bei starkem Regen oder Wind hinauszustellen.

11

Soll ich Wasser im Untersetzer stehen lassen?

Auf keinen Fall! Leeren Sie die Untersetzer immer sorgfältig aus, denn stehendes Wasser kann die Wurzeln ertränken und außerdem Parasiten anlocken.

12

Warum die Blätter mit Wasser besprühen?

So schaffen Sie eine für die Pflanzen angenehme Luftfeuchtigkeit, die in unseren Räumen häufig fehlt. Benetzen Sie die Blätter Ihrer Pflanzen so oft wie möglich mit Wasser, besonders im Winter, wenn die Luft durch Heizen noch trockener ist.

13

Welchen Dünger kaufen?

Flüssigdünger, der unter das Gießwasser gemischt wird, ist nach wie vor am weitesten verbreitet und äußerst praktisch. Daneben gibt es Düngestäbchen oder -granulat, die ihre Wirkstoffe langsamer abgeben und daher seltener angewendet werden müssen. Nehmen Sie einfach die Variante, die Ihnen am meisten zusagt. Grünpflanzen im Zimmer, im Freien sowie Sukkulenten haben alle ihre spezifischen Bedürfnisse. Achten Sie also darauf, einen für Ihre Pflanze geeigneten Dünger zu verwenden – es gibt fertige Mischungen für die jeweiligen Pflanzenarten im Handel sowie biologische Alternativen.

14

Wann und wie oft düngen?

Halten Sie sich an die Angaben auf der Verpackung. Normalerweise werden Dünger zwischen Frühling und Herbst im Zwei-Wochen-Rhythmus in den jeweils empfohlenen Mengen verabreicht. Auf keinen Fall sollte man es übertreiben, eine Überdosierung kann die Wurzeln verätzen!

15

Was tun, wenn die Blattränder vertrocknen?

Das ist häufig ein Zeichen für einen ungeeigneten Standort oder zu trockene Luft. Wenn das infrage kommt, holen Sie Ihre Pflanze aus der Sonne oder weg von einer Wärmequelle, und besprühen Sie ihre Blätter regelmäßig mit Wasser.

16

Was tun, wenn sich die Blätter verfärben und abfallen?

Ihre Pflanze bekommt entweder zu wenig Licht oder zu viel Wasser. Stellen Sie sie an einen helleren Platz um, und warten Sie mit dem Gießen, bis die Erde komplett trocken ist.

17

Was tun, wenn die Blätter welk aussehen und herabhängen?

Noch ein Zeichen für falsches Gießen – zu viel oder zu wenig Wasser kann der Grund sein. Beobachten Sie Ihre Gewohnheiten und passen Sie sie entsprechend an.

18

Was tun, wenn die Erde oben weiß ist?

Mit der Zeit setzen sich Kalk und Mineralsalze aus dem Gießwasser an der Oberfläche der Pflanzenerde ab und bilden eine weiße Schicht. Um dem vorzubeugen, können Sie kalkarmes Wasser verwenden oder eine Schicht Tonkügelchen oder Kies auf der Erde verteilen. Alternativ können Sie von Zeit zu Zeit ein „Facelifting" vornehmen, indem Sie die verkrustete Schicht abtragen und durch neue Erde ersetzen.

19

Was hilft gegen Blattläuse?

Wenn Sie Blattläuse entdecken, ist schnelles Handeln angesagt, denn die kleinen Biester vermehren sich schnell und schwächen unsere Pflanzen. Schneiden Sie zu stark befallene Pflanzenteile ab, und behandeln Sie den Rest mit einem geeigneten biologischen Insektizid. Dieses ist entweder fertig in der Gärtnerei erhältlich oder aus schwarzer Seife und lauwarmem Wasser selbst herstellbar.

20

Wie entfernt man Staub von den Blättern?

Von Zeit zu Zeit müssen Staub oder Kalkablagerungen auf der Oberfläche der Blätter entfernt werden. Diese beeinträchtigen die Lichtaufnahme und verstopfen die Poren der Pflanze, was ihr schaden kann. Wischen Sie die Blätter einzeln mit einem feuchten Schwamm ab – alles, was Sie dazu brauchen, ist Wasser. Von Glanzsprays und anderen chemischen Produkten rate ich dringend ab.

21

Kann man Pflanzen teilen, wenn sie zu groß werden?

Die meisten Innen- wie Außenpflanzen eignen sich gut zum Teilen. Schneiden Sie die Pflanzenteile, die Sie abtrennen möchten, immer unterhalb einer Knospe oder eines Blatts ab. Vergessen Sie nicht, den abgeschnittenen Teil wieder anzuziehen.

22

Zimmerpflanzen im Sommer nach draußen stellen?

Wenn Sie die Möglichkeit haben, werden sich Ihre Pflanzen freuen. Stellen Sie sie an einen windgeschützten und leicht schattigen Platz. Der Regen und die Temperaturunterschiede zwischen Tag und Nacht werden ihnen guttun.

23

Soll man mit Pflanzen sprechen?

Laut neueren Erkenntnissen sollen Pflanzen auf Geräusche und Musik reagieren, also ja, nur zu! Selbst wenn es keinen direkten Einfluss auf ihre Entwicklung hat, wird es zumindest Ihre Aufmerksamkeit für die Pflanzen stärken und das, Sie werden sehen, wird sich auch positiv auf Sie auswirken.

Unverwüstliche Zimmerpflanzen

—

Jetzt wird es konkret. Aber keine Sorge, alle hier vorgestellten Zimmerpflanzen sind wirklich einfach in der Pflege, und dazu sehen sie auch noch schön aus! Jede von ihnen hat ihre Eigenheiten und ihre besonderen Superkräfte (eine Übersicht finden Sie auf Seite 125). Wählen Sie die Pflanze aus, die am besten zu Ihren Lebensumständen passt, und schon wird sie ihre Magie in Ihren vier Wänden entfalten. Und Sie werden sich Ihre Wohnräume nicht mehr ohne Pflanzen vorstellen können ...

—

Alocasia macrorrhiza

Alokasie

oder RIESENBLÄTTRIGES PFEIFBLATT

Diese exotische Pflanze liebt Wasser und eignet sich daher hervorragend für Vielgießer.

Wer einen Hauch von Dschungel in seine Räume bringen möchte, trifft mit der Alokasie eine gute Wahl. Sie kann bis zu zwei Meter hoch werden und wirkt mit ihren großen pfeilförmigen Blättern majestätisch. Sie erreicht ein ansehnliches Volumen, das ihrer Heimat, den Wäldern Indonesiens, würdig ist. Ebenfalls ihrem Ursprungsort verdankt sie ihre Feuchtigkeitsliebe. Wenn Sie also gerne gießen, ist das der Alokasie ebenso willkommen wie ausgiebige Blattduschen. Außerdem bildet sie interessante längliche Blüten, die lange halten.

Sie hält zeitweise große Temperaturunterschiede zwischen 5 und 35 °C aus.

Sie verträgt viel Wasser.

Sie ist nicht krankheitsanfällig.

Schneiden Sie gelbe oder beschädigte Blätter ab.

Besprühen Sie ihre Blätter nach Möglichkeit einmal am Tag mit Wasser.

Geben Sie ihr zwischen Mai und Oktober alle 14 Tage Grünpflanzendünger.

Wenn möglich, sollten Sie sie jedes Jahr im Frühling umtopfen.

Achtung, ihre Blätter vertragen keine direkte Sonne!

Höhe: bis zu 2 m,
Breite: 1 m

Am besten direkt an einen hellen, warmen Ort stellen und mit Wasser besprühen.

Schön hell, aber ohne direkte Sonneneinstrahlung

Ein Ort mit viel Licht, einschließlich Badezimmer

Von April bis September 2-mal pro Woche reichlich gießen und gut abtropfen lassen.
Den Rest des Jahres 1-mal pro Woche gießen.
Die Erde sollte immer feucht sein und nicht austrocknen, bevor wieder gegossen wird.

15–25 °C

Speerspitzenförmige Blätter, die bis zu 1 m lang werden können

Gelb-grüne längliche Blüten im Sommer

Aloe barbadensis

Aloe vera

oder ECHTE ALOE

Die Wunderpflanze mit tausend Anwendungsmöglichkeiten

Sie hat wenig Ansprüche und eignet sich damit sehr gut für alle, die das Gießen gerne mal vergessen: Dank des berühmten Gels in ihren Blättern kann die Aloe lebenswichtige Nährstoffe speichern und der Dürre trotzen. Ihre aufgerichteten, sehr grafisch wirkenden Blätter sehen nicht nur toll aus, sondern haben auch viele gesundheitsförderliche Eigenschaften. Ihre reinigenden und entgiftenden Wirkungen werden in der Kosmetik wie in der Dietätik genutzt und sind der Grund, warum sie in zahlreichen Ländern als Glücksbringer gilt.

Sommerhitze und geheizte Räume machen ihr nichts aus.

Sie wirkt luftreinigend und beugt der Verbreitung von Hausstaubmilben vor.

Man kommt leicht an ihr Gel: Schneiden Sie ein Blatt komplett bis unten ab, teilen Sie es in Stücke und entnehmen Sie den dicklichen Saft aus dem Inneren. Verwenden Sie das Gel direkt im Anschluss als Basis für ein natürliches Kosmetikprodukt oder als beruhigende und heilende Sofortpflege, etwa bei Pickeln,

Stichen, Verbrennungen und mehr.

Stellen Sie die Aloe vera im Sommer nach draußen, an eine Ecke des Balkons oder der Terrasse.

Umtopfen empfiehlt sich alle drei Jahre.

Zu viel Wasser bringt sie um.

Frost und Kälte sind nichts für sie. Unter 10 °C geht sie ein.

Höhe: 30 – 80 cm

Stellen Sie sie vor ein Fenster mit viel Sonneneinstrahlung.

Viel Licht, auch direkte Sonne

Gästezimmer, Büro, Schlafzimmer

Im Sommer 1-mal pro Woche, im Winter 1-mal im Monat, immer zurückhaltend gießen.

10 – 30 °C, ab 17 °C ist ideal.

Längliche, spitz zulaufende Blätter mit weichen Dornen

Gelb-orange, ährenförmige Blüte, drinnen allerdings selten

Ardisia crenata

Gekerbte Spitzblume

oder KORALLENBEERE

Sie ist robust, festlich und stellt wenige Ansprüche.

Die Gekerbte Spitzblume ist ein kleines Zimmerbäumchen, das leicht am Leben zu erhalten ist. Ein bisschen Wasser, gedämpftes Licht und frische Temperaturen garantieren Ihnen das ganze Jahr über ein hübsches Spektakel. Das Bäumchen trägt ein glänzend-grünes Laubblätterkleid, und zum Ende des Frühlings erblühen seine leicht duftenden cremeweiß- oder hellrosafarbenen doldigen Blüten. Zu Weihnachten wachsen dann die knallig roten Beeren und perfektionieren jede Festtagsdekoration. Die Beeren halten sich lange, manchmal sogar, bis die Blüten im nächsten Jahr erscheinen.

Die Spitzblume erträgt vorübergehend kalte Temperaturen bis ca. 5 °C.

Die meiste Zeit des Jahres handelt es sich um eine äußerst dekorative Pflanze.

Sie kommt mit wenig Licht aus.

Außerhalb der Blütezeit mag sie Tauchbäder: Stellen Sie sie für einige Minuten in der Spüle oder Badewanne in Wasser, und lassen Sie sie dann gut abtropfen.

Besprühen Sie sie bei Temperaturen über 17 °C regelmäßig mit Wasser.

Besonders schön bleibt das Bäumchen, wenn es im Frühling leicht zurückgeschnitten wird.

Von März bis September empfiehlt sich ein Blumendünger, der alle zwei Wochen verabreicht wird.

Alle zwei bis Jahre im Frühjahr umtopfen tut der Spitzblume gut.

Hitze und Luftzug sind Gift für sie!

Höhe: 80 cm – 1 m, Breite: 40 – 50 cm

Sie mag es eher kühl und wird gerne sofort mit Wasser auf Raumtemperatur besprüht.

Licht, ohne direkte Sonne, bis Halbschatten

Terrasse, Eingangsbereich (vornehmlich kühle Zimmer)

Von Februar bis September 2-mal pro Woche gießen, ohne jemals die Erde zu durchtränken. Im Sommer die Erde nicht austrocknen lassen. Im Winter alle zehn Tage 1-mal gießen.

7 – 20 °C

Wellige längliche Blätter, dunkelgrün, glänzend, 5 – 15 cm lang

Kleine, helle sternförmige Blüten im Juni, gefolgt von roten Beeren im Dezember

Asparagus sp.

Spargel

Neben der bekannten schmackhaften gibt es auch dekorative Spargelarten, die hoch hinauswollen und es schattig mögen.

Die leichten und zarten Triebe machen den Spargel zum Hingucker. Er hat eine gewisse Ähnlichkeit zum Farn und teilt mit diesem die Vorliebe für schattige Plätze. Er passt eigentlich überall hin und kann auch gut hängend angebracht werden. Außerdem kann er zu anderen Pflanzen gesetzt werden – seine zierlichen Triebe bilden einen hübschen Kontrast zu großblättrigen oder blühenden Pflanzen. Er wird gut und gerne zehn Jahre alt.

Superkräfte

Er passt sich an dunkle Orte ebenso an wie an jegliche Form von Licht.

Ihr Spargel sieht tot aus? Bloß nicht wegwerfen, er kann aus seiner Asche auferstehen! Um ihn wieder zum Leben zu erwecken, schneiden Sie seine Zweige bis unten hin ab, tauchen Sie den Topf lange in Wasser, und stellen Sie ihn dann an einen hellen, kühlen Ort. Nach und nach wird er sich erholen.

Er eignet sich als Hängepflanze.

Pflegetipps

Gönnen Sie ihm von Zeit zu Zeit ein Tauchbad, damit die Blätter schön grün bleiben, und besprühen Sie diese regelmäßig mit Wasser.

Wenn er sich verfärbt oder welkt, kann er durch Zurückschneiden der Zweige wiederbelebt werden.

Er steht im Sommer gerne draußen, nur nicht in der prallen Sonne.

Von April bis September tut ihm eine 14-tägige Gabe von Grünpflanzendünger gut.

Umtopfen empfiehlt sich alle zwei Jahre.

Gefahren

Lassen Sie ihn nicht komplett austrocknen, Spargel braucht ein wenig Feuchtigkeit.

Höhe und Breite: 40 cm

Er gedeiht besser in Terrakottatöpfen. Falls er noch keinen hat, topfen Sie ihn gleich nach seiner Ankunft in einen um – mit minimal größerem Durchmesser und feuchter, aber durch eine Schicht Tonkügelchen am Boden gut entwässerbarer Erde.

Direktes Licht (keine pralle Sonne) im Halbschatten

Eingang, Treppe, nach Osten oder Westen ausgerichtetes Zimmer

Im Sommer 2-mal pro Woche, im Winter 1-mal pro Woche gießen, ohne die Erde zwischendurch austrocknen zu lassen.

Zum Überwintern 8 – 18 °C, ideal sind 15 °C.

Sehr feine grüne Blätter, die fast schon an Nadeln erinnern.

Ceropegia woodii

Leuchterpflanze

Die Leuchterpflanze hat mit Temperaturen von 40 °C kein Problem. Dazu braucht sie nicht übermäßig viel Wasser, denn sie weiß, wie man mit dem zurechtkommt, was man hat. Anfangs ist sie eine kleine feine Liane – kletternd oder hängend – mit entzückenden herzförmigen Blättchen. In der Nähe eines Fensters mit viel Licht aufgehängt oder von einem Möbelstück hinabkletternd läuft sie zur Höchstform auf. Die stylishe, grafisch wirkende Pflanze wächst schnell, Sie können die nicht mehr schönen Zweige also problemlos unten abschneiden. Zum krönenden Finale blüht die Leuchterpflanze im Sommer.

Sie hält große Temperaturunterschiede aus: Von 5 bis 40 °C ist alles okay.

Sie stürzt sich freiwillig in die Tiefe, um Ihren Raum um eine attraktive Deko zu bereichern.

Sie braucht nur wenig Wasser zum Überleben.

Ihre Zweige sind sehr empfindlich und sollten sehr vorsichtig „entwirrt“ werden.

Im Sommer bis in den September hinein tut ihr die Unterbringung auf einem Balkon oder einer Terrasse gut.

Geben Sie ihr von April bis September einmal pro Monat etwas Kakteendünger.

Bitte nicht zu viel gießen!

Höhe/Länge: bis 1,20 m

Setzen Sie sie in eine Blumenampel, sodass ihre kleinen Herzketten herabhängen.

Hell, ohne direkte Sonne

In der Nähe eines Fensters

Sehr sparsam gießen und darauf achten, dass die Erde trocken ist, bevor gegossen wird. Im Sommer 1-mal in 2 Wochen, sonst 1-mal alle drei Wochen gießen.

Perfekt sind 12 – 30 °C, aber sie hält Temperaturen zwischen 5 und 40 °C aus.

Kleine, dicke, gegenüberliegende Blätter in Herzform, dunkelgrün mit weißer Marmorierung

Rosa Blüten, die an kleine Laternen erinnern und sich im Sommer zeigen

Schneiden Sie einen oder mehrere Zweige auf Höhe eines Blattknotens ab, lassen Sie sie mehrere Wochen in einem Glas mit Wasser Wurzeln bilden, und pflanzen Sie sie dann in einen Topf mit gut entwässerter Erde.

Chloropyhtum comosum

Grünlilie

oder BEAMTENGRAS

Die beliebte Zimmer- und Büropflanze ist megarobust.

Die Grünlilie mit ihren langen, herabfallenden grün-weißen Blättern erinnert ein wenig an einen Strubbelkopf. Ihre dicken fleischigen Wurzeln können gut Wasser speichern, weshalb die Pflanze getrost für eine Weile vergessen werden kann. Sie eignet sich gut zum Aufhängen in einer Ampel, von der aus sie großzügig in alle Richtungen wächst und sich ihren Weg nach unten bahnt. Im Sommer schmückt sie sich dabei mit weißen Blütchen, die wie Minililien aussehen und sich in kleine Büschel verwandeln, die Keimlinge oder Rosetten genannt werden. Diese können abgetrennt und direkt wieder in Erde gepflanzt werden. Nichts ist einfacher, als eine ganze Grünlilienfamilie aus Ablegern zu züchten.

Sie ist luftreinigend.

Sie verträgt Trockenheit und ist nicht nachtragend, wenn das Gießen einmal vergessen wurde.

Sie kann ohne viel Licht auskommen.

Sie bildet leicht Ableger.

Besonders gut geht es ihr, wenn gelbe Blätter an der Basis abgeschnitten werden.

Besprühen Sie die Blätter von Zeit zu Zeit mit Wasser.

Wenn Sie sie im Sommer nach draußen stellen, wird sie es Ihnen mit leuchtend grünen Blättern danken.

Von April bis September können Sie sie einmal pro Woche mit Grünpflanzendünger verwöhnen.

Am besten topfen Sie sie jeden Frühling um.

Zu viel Wasser lässt ihre Wurzeln faulen!

Direktes Sonnenlicht und Wärmequellen sollten unbedingt vermieden werden.

Höhe: 15–35 cm

Platzieren Sie den Topf auf einem Bett aus Tonkügelchen, und stellen Sie die Grünlilie an einen Platz, von dem sie ihre Blätter schön in alle Richtungen herabwachsen lassen kann.

Licht, ohne direkte Sonne, im Halbschatten

In jedem beliebigen Raum

1-mal pro Woche großzügig gießen und im Anschluss gut abtropfen lassen.

10–22 °C

Lange, spitz zulaufende Blätter, nach unten wachsend, grün-weiß gestreift

Weiße sternförmige Blüten von Frühling bis Herbst

Machen Sie die Rosetten ab, die sich um die Blütenbüschel herum bilden, und pflanzen Sie sie in neue Töpfe.

Cissus rhombifolia

Rautenblättrige Klimme

oder ZIMMERREBE

Sie ist bereit für Höhenflüge!

Es hat einen einfachen Grund, dass die rautenförmige Klimme auch unter dem Namen „Zimmerrebe“ bekannt ist: Ihre Blätter ähneln denen der mit ihr verwandten Weinrebe. Sie kann sowohl klettern als auch hängen und hat sogar kleine Ranken, die sich um ihre Zweige schlingen. Mit dieser Pflanze holen Sie sich also echtes Wein-Feeling in Ihr Zuhause. In einem Hängekorb fühlt sie sich besonders wohl und wächst äußerst schnell. Sie kann zwei bis drei Meter Länge erreichen – ein tolles Dekoelement für Ihren Raum! Dank der Ranken kann sie auch an einem Spalier emporwachsen und so eine kleine grüne Mauer bilden, die sich beispielsweise hervorragend als Raumtrenner nutzen ließe.

Sie wächst extrem schnell.

Sie reinigt die Luft.

Sie befeuchtet die Luft.

Sie hält Temperaturschwankungen stand und kommt mit einer schwachen Lichtquelle aus.

Wenn die Enden ihrer Triebe gekniffen werden, bildet sie schöne Verzweigungen.

Schneiden Sie schmächtige Zweige unabhängig von der Jahreszeit zurück.

Sie wird hin und wieder gerne besprüht und noch lieber mit einem feinen Strahl abgeduscht.

Von März bis August empfiehlt sich ein Grünpflanzendünger einmal monatlich.

Einmal jährlich Umtopfen ist perfekt für sie.

Zu viel Wasser bringt sie um.

Zu kalte Temperaturen im Winter sind ein Graus für die Klimme.

Länge: 50 cm – 3 m

Eine junge, d. h. noch kleine Pflanze sollten Sie in eine Blumenampel pflanzen. Wenn sie größer ist, kann sie sich an jeder beliebigen Stütze emporranken. Stellen Sie das Behältnis auf ein Bett aus Tonkügelchen.

Licht, Halbschatten, keine direkte Sonne

Gästezimmer, Esszimmer, Schlafzimmer

Im Sommer 2-mal pro Woche, das restliche Jahr über 1-mal pro Woche gießen; die Erde sollte immer trocken sein, bevor gegossen wird.

13 – 22 °C

6 – 8 cm lange, glatte und glänzende Blätter mit gezackten Rändern und kleinen Ranken

Clivia miniata

Klivie

Sie übersteht Wassermangel und Winterkälte.

Die Klivie ist robust und nicht nachtragend. Ihre stets wunderbar glänzenden länglichen Blätter sind fächerförmig nach oben gerichtet. Ihre orangefarbenen Blüten kündigen den Frühling in Ihrem Zuhause an. Sie erstrahlen von März bis Mai und verströmen einen leichten Duft.
Die Pflanze ist einfach zu handhaben, aber um im nächsten Jahr wieder in voller Pracht zu erblühen, muss sie über Winter ruhen. Stellen Sie sie in dieser Zeit also an einen kühlen, vielleicht sogar schattigen Ort, und gießen Sie sie nicht zu viel. Im Frühling stellen Sie sie dann zurück ins Licht und beginnen wieder mit dem Gießen – und schon werden Sie mit orangefarbenen Blüten belohnt!

Sie erträgt kühle Temperaturen (5 – 8 °C) zum Überwintern sowie Temperaturunterschiede.

Sie kommt mit wenig Wasser aus, besonders im Winter.

Sie kann Staub und trockener Luft trotzen.

Lassen Sie sie nach dem Gießen so abtropfen, dass kein Wasser mehr im Untersetzer steht.

Besonders schön glänzt sie, wenn ihre Blätter regelmäßig mit einem feuchten Schwamm abgestaubt werden.

Entfernen Sie verfärbte und vertrocknete Blätter nach und nach, und schneiden Sie den Blütenstiel unten ab, wenn die Blütezeit zu Ende ist.

Von April bis November düngen Sie sie am besten alle 14 Tage.

Eine Umtopfung empfiehlt sich alle drei Jahre im Juli. Verwenden Sie Orchideenerde.

Wenn sie zu viel Wasser bekommt, beginnt sie schnell zu faulen.

Höhe: bis 60 cm,
Breite: 90 cm

Bringen Sie sie an einem sehr hellen Ort unter, der im Winter nicht zu warm sein sollte. Stellen Sie sie auf einen Untersetzer mit Tonkügelchen.

Hell, keine direkte Sonne

Jeder Raum mit viel Licht

1-mal pro Woche gießen, wenn die Erde zwischenzeitlich getrocknet ist

10 – 24 °C, im Winter 5–8 °C

10 – 15 cm lange, dunkelgrün glänzende Blätter, die spitz zulaufen

Im Frühling 30 – 40 cm langer Blütenstiel mit einer Gruppe von etwa 12 trompetenförmigen Blüten

Cordyline sp.

Keulenlilie

Sie kommt mit wenig Licht aus.

Die Keulenlilie bietet ein einzigartiges Farbfeuerwerk! Ihre kräftigen Rottöne bringen Lebensfreude und Wärme in Ihr Zimmer. Die grafisch wirkende exotische Pflanze, die allein oder in Gruppen stehen kann, braucht nur Licht, um ihre hübsche Farbe zu behalten. Drinnen blüht sie nur selten, aber das machen ihre besonderen Blätter wett, versprochen! Für einen unschlagbar dekorativen Effekt können Sie die Keulenlilie mit blühenden Pflanzen kombinieren. Sie wächst zwar nur langsam, lebt dafür aber auch lange – bis zu zehn Jahre!

Sie kann im Schatten stehen.

Sie lebt lange.

Sie bringt Farbe in Ihr Zuhause.

Wischen Sie ihre Blätter vorsichtig mit einem feuchten Schwamm ab und besprühen Sie sie regelmäßig mit Wasser.

Sie kann im Sommer gut nach draußen gestellt werden, aber nicht in die pralle Sonne.

Düngen Sie sie von März bis September einmal pro Monat.

Topfen Sie sie alle zwei Jahre im Frühjahr um.

Sie mag keine Ortswechsel!

Luftzüge tun ihr nicht gut.

Temperaturschwankungen sollten vermieden werden.

Höhe und Breite: 50 – 90 cm

Falls Sie sie im Winter zu sich nach Hause holen, stellen Sie sie an den kühlsten Platz im Haus (idealerweise um 15 °C). Stellen Sie den Topf auf einen Untersetzer mit Tonkügelchen, und besprühen Sie ihre Blätter.

Hell bis schattig, keine direkte Sonne

Gästezimmer, Esszimmer

1-mal pro Woche gießen, wenn die Oberfläche der Erde trocken ist.

10 – 25 °C

Kräftige, längliche Blätter von 25 – 40 cm Länge, grün mit purpurroten Rändern

Selten, aber mit dem Alter wachsen im Sommer möglicherweise kleine rosa Blüten.

Crassula ovata

Geldbaum

oder PFENNIGBAUM

Die pflegeleichteste Sukkulente überhaupt!

Diese Pflanze liebt die trockene Luft in unseren Räumen und kann gut mit Wasserknappheit umgehen. Eine gute Nachricht für alle, die nicht gerne gießen! Sie erträgt auf jeden Fall besser zu wenig als zu viel Wasser. Ihre fleischigen grünen oder silbrigen Blätter und deren Stiele können genug Wasser aufnehmen, um den Geldbaum einen Monat zu versorgen. Er kann Ihnen gut und gerne 30 Jahre erhalten bleiben und altert auf sehr schöne Weise: Er entwickelt sich dank seiner baumartigen Wuchsform zu einem richtigen Bäumchen und hat Ähnlichkeit mit dem Bonsai, doch ohne dessen Empfindlichkeit. Als i-Tüpfelchen bekommt er kleine weiße Blütenstände oben auf seinen Zweigen.

Er erträgt Temperaturen bis 5 °C.

Er liebt trockene Luft.

Er kommt bis zu einem Monat ohne Gießen aus.

Er hat luftreinigende Eigenschaften.

Er wird alt.

Eine Schicht Splitt auf der Erde sorgt dafür, dass die Enden seiner Zweige nicht faulig werden.

Er kann bei Bedarf in Form geschnitten werden. Setzen Sie die Schere 2–3 mm unterhalb eines Blattpaares an.

Umgetopft wird er am besten jedes Jahr im Frühling; verwenden Sie Grünpflanzenerde.

Zu viel Wasser übersteht er nicht!

Höhe: 10 cm – 1 m

Halbschatten für Geldbäume mit grünen Blättern und direktes Licht für solche mit silbrigen Blättern

Wohnzimmer, Gästezimmer, Eingang, Schlafzimmer

Von April bis September 1-mal pro Woche, sonst 1-mal alle 3 Wochen zurückhaltend am Fuß der Pflanze gießen. Immer darauf achten, dass die Erde trocken ist, bevor der Pflanze wieder Wasser zugeführt wird.

Er hält Temperaturen bis 5 °C aus, allerdings sind mildere Temperaturen von 15 bis 24 °C ideal.

Längliche oder runde Blätter, grün oder silbrig, manchmal mit dunkelroten Rändern, die eine Länge von 3 bis 7 cm erreichen

Von Oktober bis Februar kleine weiße Blüten oben auf den Zweigen

Cryptanthus bivittatus

Cryptanthus

oder ERDSTERN

Diese Bromelienart hat nicht oft Durst und kann im Terrarium leben.

Cryptanthus ist eine robuste und pflegeleichte Pflanze, die Sonne liebt und kein Problem damit hat, wenn sie einmal nicht gegossen wird. Pflanzen Sie sie, wohin sie wollen: in einen Blumentopf, eine Ampel oder auch in ein Terrarium (die saunaähnlichen Zustände dort findet sie klasse). Ihre bunt gemusterten Blätter, ihre Sternform und das Fehlen von Zweigen machen Cryptanthus – in aller Bescheidenheit – einzigartig. Je mehr Licht (keine direkte Sonne) er bekommt, desto leuchtender werden seine Farben. Er braucht seine Zeit zum Wachsen, bleibt Ihnen dafür aber auch lange erhalten.

Er kann über Jahre in derselben Erde bleiben.

Ihn kann man beim Gießen ruhig mal vergessen.

Er kann ins Terrarium gesetzt werden.

Besprühen Sie ihn zusätzlich zum Gießen regelmäßig mit Wasser.

Geben Sie ihm von März bis September alle 14 Tage Orchideendünger.

Bei zu trockener Luft werden seine Blätter schrumpelig.

Direkte Sonne verbrennt seine Blätter!

Höhe und Breite: 10–20 cm

Stellen Sie ihn auf einen Untersetzer mit wassergetränkten Tonkügelchen – oder gleich ins Terrarium. Erdsterne lieben die feuchte Luft in einem geschlossenen Glasbehälter.

Licht bis Halbschatten, ohne direkte Sonne

Gästezimmer, Küche

Im Sommer 2-mal pro Woche, den Rest des Jahres 1-mal pro Woche gießen.

18–25 °C

Derbe grüne Blätter mit rosa- oder cremefarbenen Streifen, an den Rändern gewellt, 15–30 cm lang, die eine leicht bewehrte Rosette bilden

Im Sommer kleine weiße Blüten in der Rosettenmitte

Cycas revoluta

Japanischer Sagopalmfarn

oder kurz JAPANISCHER PALMFARN

Ein Freund fürs Leben!

Auch wenn sein Wuchs und der dicke Stamm ihn ein wenig wie eine Palme aussehen lassen (was sich auch in seinem deutschen Namen niederschlägt), ist er keine. Dennoch braucht auch der Japanische Sagopalmfarn nicht allzu viel Wasser und nimmt es Ihnen nicht übel, wenn er mal vergessen wird. Er hat nichts gegen die Wärme im Sommer, aber die kühleren Temperaturen im Winter sind ihm noch lieber. Wenn Sie ihn gut pflegen, kann er 100 Jahre alt werden! Er wird dann bis zu zwei Meter groß und nimmt ein geradezu skulpturales Äußeres an mit seinem faserigen Stamm, aus dem sich die palmwedelähnlichen Blätter erheben. Er hat wirklich eine ganz außergewöhnliche Ästhetik ...

Direkte Sonne kann ihm drinnen nichts anhaben.

Er widersteht kalten Temperaturen im Winter.

Entfernen Sie von Zeit zu Zeit gelb gewordene Blätter an der Basis.

Stellen Sie ihn gerne von Mai bis September nach draußen in den Halbschatten.

Besprühen Sie ihn im Sommer häufig mit Wasser.

Zu viel Wasser ist tödlich für ihn.

Zu wenig Licht auch ...

Höhe und Breite: um 1,50 m

Stellen Sie ihn auf ein Bett aus Tonkügelchen. Gießwasser darf sich niemals stauen. Im Winter sollten Sie ihn in ein helles, wenig beheiztes Zimmer stellen. Im Sommer bei Temperaturen von mehr als 20 °C sollten Sie ihn gleich mit Wasser besprühen.

Direkte Sonne

Gästezimmer, Wohnzimmer

Im Sommer 1-mal pro Woche, sonst alle 2 Wochen gießen; die Erde muss immer gut getrocknet sein, bevor wieder gegossen wird.

5–25 °C

Feste, leicht stachelige Blätter, die an Palmwedel erinnern

Davallia fejeensis

Hasenpfotenfarn

oder TARANTELFARN

Sind Farne nicht als Diven bekannt? Dieser hier keineswegs! Er erträgt Hitze besser als seine Verwandten. Die Bezeichnungen „Hasenpfote" und „Tarantel" spielen auf seine braunen, grau-silber bepelzten Rhizome an, die an ein Tier erinnern. Seine Wurzeln wachsen bis zur Oberfläche des Topfs und können sie sogar bedecken. Der Hasenpfotenfarn braucht nicht viel Erde, wächst schnell und lebt mehrere Jahre. Wenn Sie ihn in eine Blumenampel pflanzen, wird er Sie mit seinem herabwallenden Blattwerk bezaubern.

Er kommt gut mit Trockenheit klar.

Er wächst langsam und lebt lange.

Seine Hasenpfötchen sehen superniedlich aus.

Den Sommer verbringt er am liebsten an einem schattigen Fleckchen auf dem Balkon oder in einer Ecke der Terrasse.

Schneiden Sie kaputte Blätter ab.

Geben Sie ihm von April bis September einmal monatlich Grünpflanzendünger.

Schützen Sie ihn vor Luftzug! Sonst bekommen seine Blätter hässliche gelbe Flecken.

Niemals Glanzsprays verwenden! Seine Blätter werden davon auf der Stelle braun.

Höhe: 15–40 cm, Breite: 40 cm

Wenn seine Blätter schon hängend wachsen, pflanzen Sie ihn in eine Ampel und hängen Sie ihn an einem hellen Ort auf. Stellen Sie den Topf auf einen Untersetzer oder in einen Übertopf, der mit Wasser und Tonkügelchen oder Kies gefüllt ist.

Helles Licht (keine direkte Sonne) bis Halbschatten

In einer geschützten Ecke, Veranda, Gästezimmer, Wohnzimmer, Büro

1-mal pro Woche gießen, am besten durch 15-minütige Tauchbäder in Wasser mit Zimmertemperatur. Achtung, die Rhizome nicht nass machen.

10–22 °C

Große, leichte Wedel von hellem Grün, die bis zu 60 cm lang werden

Epiphyllum hybr.

Sägeblattkaktus

oder KROKODILSCHWANZKAKTUS

Ob es kalt oder warm, trocken oder feucht ist – dieser Kaktus hält alles aus.

Es handelt sich zwar um einen Kaktus, aber er pikst nicht. Außerdem ist er sehr robust. Wie andere Kakteen braucht der Sägeblattkaktus nicht viel Wasser und kann auch mal vergessen werden. Selbst Heizwärme, trockene wie feuchte Luft können ihm nichts anhaben – er passt sich an. Seine flachen gewellten Blätter, die ihm den manchmal verwendeten Namen Zickzackkaktus einbrachten, machen ihn zu einer sehr dekorativen Pflanze. An ihren Rändern wachsen recht kurzlebige, aber häufig wiederkehrende Blüten, die einen intensiven Duft verströmen. In heißen Sommern blüht der Kaktus reichlich.

Er verträgt Temperaturen bis 10 °C.

Er kommt mit sämtlichen Luftumgebungen klar.

Er kann aufgehängt werden.

Seine Zweige brechen leicht, gehen Sie also sanft mit ihm um.

Besprühen Sie ihn im Sommer regelmäßig mit Wasser.

Verwöhnen Sie ihn zwischen April und September alle 14 Tage mit Orchideendünger.

Topfen Sie ihn alle zwei Jahre im Frühling um.

Zu viel Wasser bringt ihn um!

Wenn er an einem zu dunklen Ort steht, blüht er nicht.

Kälte ist nichts für ihn.

Höhe: 50 cm – 1 m, Breite: 40 cm

Wenn Sie ihn im Sommer holen, besprühen Sie ihn häufig mit Wasser.

Hell, ohne direkte Sonne

Überall

Von Frühling bis Herbst 1-mal pro Woche, im Winter 1-mal alle 2 Wochen gießen. Darauf achten, dass die Erde immer trocken ist, bevor wieder gegossen wird.

10 – 25 °C

Flache, gewellte oder gezackte Blätter ohne Stacheln

Von Mai bis August große trompetenförmige Blüten, weiß oder blassgelb, intensiv duftend

Ficus elastica

Gummibaum

oder INDISCHER KAUTSCHUKBAUM

Das robuste Feigengewächs mit seinen weichen Blättern passt sich an jede Umgebung an.

Seinen Namen verdankt der „Gummi"- oder „Kautschuk"-Baum seinem Milchsaft, dem Latex, der als Rohstoff für die Gummiherstellung verwendet werden kann. Lange Zeit galt der Gummibaum eher als „Omipflanze", doch heute ist er wieder schwer in Mode! Kein Wunder, denn seine großen, dicken und glänzenden Blätter sind sehr dekorativ. Junge Blätter sind zunächst bronzefarben, bevor sie grün werden. Es gibt an die 1000 verschiedene Ficus-Arten, unter denen der Gummibaum zu den widerstandsfähigsten zählt. Er kann eine Höhe von drei Metern erreichen und damit zu einem präsenten Gestaltungselement in Ihrem Wohnraum werden, das um die 20 Jahre treu an Ihrer Seite bleibt. Groß, solide, pflegeleicht und strahlend – was will man mehr?

Er reinigt die Luft.

Er kann sich an alle Lichtverhältnisse anpassen. Indirektes Licht ist gut, aber er wächst auch – etwas langsamer – im Schatten. An schattigen Plätzen muss er weniger gegossen werden.

Er wächst schnell und lebt lange.

Stauben Sie seine Blätter regelmäßig mit einem feuchten Schwamm ab.

Er mag feuchte Blätter, besprühen Sie ihn also gerne mit Wasser.

Von März bis Oktober sollte er einmal pro Woche gedüngt werden. Wählen Sie bevorzugt Düngegranulat, das auf der Oberfläche der Erde verteilt wird, um die Wurzeln der Pflanze zu schützen.

Topfen Sie ihn alle zwei Jahre zu Beginn des Frühlings um.

Sie sollten ihn nicht ständig umstellen. Ortswechsel tun ihm nicht gut.

Luftzüge sind ein Horror für den Gummibaum.

Zu viel Wasser: Wenn das noch ein halbes Jahr so weiter geht, wird es kritisch. Seine Wurzeln vertragen keine Feuchtigkeit.

Höhe: 1 – 3 m, Breite: 2 m

Stellen Sie ihn auf einen Untersetzer mit Tonkügelchen. Finden Sie einen vor Luftzug geschützten Ort für ihn, an dem er langfristig bleiben kann.

Hell bis Halbschatten

Alle Räume, auch solche mit hoher Luftfeuchtigkeit

1-mal pro Woche mit Wasser auf Raumtemperatur gießen; die Erde sollte vor dem erneuten Gießen gut getrocknet sein.

10 – 29 °C

Fleischige, glänzende ellipsenförmige Blätter, 30 – 45 cm lang

Ficus lyrata

Geigenfeige

Sie ist groß, pflegeleicht und ein treuer Begleiter.

Dieses Feigengewächs imponiert mit seinen großen, kräftig grünen Blättern in Lyra- oder Geigenform. Die Geigenfeige kann gut alleine stehen, denn sie beansprucht einigen Platz und ist äußerst dekorativ – mit ihr ist Tropen-Flair garantiert! Sie ist einfach in der Handhabung: Falls sie Ihnen zu groß wird, kürzen Sie einfach im Frühling den Haupttrieb und die langen Zweige. Sie verträgt einen neuen Schnitt sehr gut und wird danach nur noch schöner aussehen. Die Geigenfeige ist widerstandsfähig und verlässlich, sodass sie Ihnen über 20 Jahre lang Gesellschaft leisten kann.

Sie braucht nicht viel Wasser.

Sie gibt sich mit dem Platz zufrieden, den Sie ihr zuweisen.

Sie hat luftreinigende Qualitäten.

Sie wird alt.

Befeuchten Sie ihre Blätter von Zeit zu Zeit.

Wischen Sie die Blätter regelmäßig mit einem feuchten Schwamm ab, um den Staub zu entfernen.

Sprühen Sie die Pflanze oft ab.

Von April bis August tun Sie ihr mit einer einmonatigen Gabe von Grünpflanzendünger etwas Gutes.

Sie sollten Sie alle zwei Jahre umtopfen.

Temperaturen unter 10 °C machen ihr zu schaffen.

Luftzüge verträgt sie nicht gut.

Zu viel Wasser bringt sie um!

Höhe: bis zu 2,50 m, Breite: 80 cm

Stellen Sie sie an einen hellen Ort mit ausreichend Platz ohne Luftzug. Stellen Sie sie danach nicht mehr um.

Hell, aber ohne direkte Sonne

Helle Räume, in der Nähe eines nach Osten oder Westen ausgerichteten Fensters

Im Sommer 1-mal pro Woche, im Winter 1-mal pro Monat sparsam (etwa zwei Wassergläser) gießen.

18 – 25 °C

Große, glänzende Blätter von kräftigem Grün mit cremefarbenen Adern, die 30 – 40 cm lang und 25 cm breit werden

Hedera helix

Gemeiner Efeu

Dieser Klassiker unter den Pflanzen ist superrobust und pflegeleicht. Jeder kennt den Efeu, der das Unterholz bedeckt und sich an Bäumen oder Mauern hinaufschlängelt. Er braucht weder viel Licht noch viel Wärme und kann sowohl hängend gepflanzt werden als auch an einem Holz- oder Metallgitter hinaufklettern. Es gibt zahlreiche Efeuarten, aber am besten eignen sich solche mit kleinen grünen Blättern (nicht mit panaschierten, die sind empfindlicher). Für einen sofortigen dekorativen Effekt können Sie die Pflanze mit ihren eleganten grünen Blättern zurechtschneiden und in einen großen Kübel pflanzen.

Er liebt Schatten.

Er ist kälteresistent.

Er reinigt die Luft.

Gießen vergessen? Keine Panik: Tauchen Sie ihn komplett in eine Schüssel mit lauwarmem Wasser, lassen Sie ihn gut abtropfen, und stellen Sie ihn zurück an seinen Platz. So wird er sich erholen.

Seine Blätter sollen regelmäßig mit Wasser besprüht werden, insbesondere bei trockener Luft im Winter. Schneiden Sie außerdem alte, vertrocknete Blätter ab.

Wenn die Blätter staubig sind, duschen Sie ihn ab.

Schneiden Sie die Zweige im März zurück, das macht ihn kräftiger.

Geben Sie ihm von März bis September einmal im Monat Grünpflanzendünger.

Steht er zu nah an einer Heizung oder einem Ofen, wird er komplett vertrocknen.

Direktes Sonnenlicht verbrennt die Blätter und verursacht braune Flecken.

Höhe/Länge: bis 60 cm

Stellen Sie ihn an einen schattigen, kühlen Platz, und besprühen Sie ihn mit Wasser.

Schatten, niemals direkte Sonne

Eingang, Wohnzimmer, Schlafzimmer, Küche, Badezimmer, Veranda

Von Frühling bis Herbst 1-mal pro Woche, im Winter alle 2 Wochen gießen. Die Erde muss trocken sein, bevor wieder gegossen wird.

7 – 18 °C, 10 °C im Winter sind ideal.

Grüne geäderte, dreieckige Blätter, 4 – 10 cm lang

Schneiden Sie einen 15 cm langen Zweig ab, und stellen Sie ihn in ein Glas mit Wasser. Sobald sich nach einigen Tagen Wurzeln bilden, können Sie ihn einpflanzen.

Howea forsteriana

Kentiapalme

oder INDISCHER KAUTSCHUKBAUM

Dies ist die pflegeleichteste Palme für drinnen, wo sie für echtes Tropen-Feeling sorgt.

Dieser Exot ist einfach superelegant. Die Kentiapalme erhebt sich auf einem Stamm und entfaltet darüber gleichmäßig ihre langen, spitz zulaufenden Blätter. Sie kann bis zu drei Meter hoch werden. Trockene Luft macht ihr nichts, überhaupt ist sie wenig anspruchsvoll – eine ideale Mitbewohnerin, die ihnen bis zu 20 Jahre erhalten bleiben kann.

Sie wächst ganz nach oben.

Sie braucht nicht viel Wasser.

Sie filtert Schadstoffe aus der Luft.

Sie kann Schatten gut vertragen.

Vorübergehende Kälteperioden mit Temperaturen von bis zu –2 °C schaden ihr nicht.

Schneiden Sie wenn nötig vertrocknete Palmwedel unten ab und vertrocknete Blattspitzen um einige Millimeter zurück.

Die Blätter sollten Sie regelmäßig von oben und von unten mit Wasser besprühen.

Stellen Sie sie von Juni bis Mitte September gerne nach draußen. Achten Sie darauf, dass sie vor zu starker Sonneneinstrahlung geschützt ist.

Düngen Sie sie von April bis September alle zwei Wochen.

Was sie nicht mag, sind Luftzug, stickige und rauchige Luft.

Im Untersetzer sollte niemals Wasser stehen.

Höhe: 1,80 – 3 m

Stellen Sie sie auf einen Untersetzer mit Tonkügelchen. Finden Sie für Ihre Kentia einen schön hellen Platz ohne Luftzug, und besprühen Sie sie mit Wasser.

Hell, aber ohne direkte Sonne, und Halbschatten.

Gästezimmer, Esszimmer, Büro

Von April bis November 1-mal pro Woche, sonst alle 2 Wochen gießen.

15 – 25 °C, im Winter zeitweise bis –2 °C

Weiche, 1 – 1,5 m lange Palmwedel; junge Blätter sind hellgrün und dunkeln mit der Zeit nach.

Hoya sp.

Wachsblume

oder PORZELLANBLUME

Sie zum Blühen zu bringen, ist nicht schwer.

Sie verzeiht vergessenes Gießen.

Wachsblumen sind pflegeleicht und robust. Ihre schlanken, zähen Blättchen passen ausgezeichnet zu den niedlichen weißen Blüten mit dem leuchtend roten Zentrum. Ihre Blütezeit ist nicht nur spektakulär, sondern dauert auch knapp fünf Monate lang! So müssen Sie ihren einzeln abfallenden verwelkten Blütchen auch kaum nachtrauern. Die Wachsblume kann eigentlich überall im Haus stehen, solange sie genügend Licht bekommt. Sie eignet sich gut für eine Pflanzung an einer Rankhilfe, einem Spalier oder in einer Aufhängung.

Sie übersteht Wassermangel.

Sie blüht lange und duftet intensiv.

Sie kann überall wachsen.

Besprühen Sie sie im Sommer regelmäßig mit Wasser. Achten Sie aber darauf, die Blüten nicht nass zu machen.

Sie können sie gut nach draußen an einen schattigen Ort stellen.

Schneiden Sie die Pflanze nach der Blütezeit zurück, belassen Sie aber die Blütenstängel, wo sie sind – dort werden auch die Blüten in der nächsten Saison wieder erblühen.

Von März bis September empfiehlt es sich, ihr einmal im Monat Blumendünger zu verabreichen.

Verzichten Sie darauf, verwelkte Blüten abzumachen, sonst bilden sich Stecklinge, und die Pflanze blüht im nächsten Jahr nicht.

Direkte Sonne verbrennt sie.

Achten Sie darauf, dass sich kein Stauwasser bildet!

Höhe: 50 – 70 cm

Wählen Sie einen hellen, warmen Ort. Stellen Sie die Pflanze auf einen Untersetzer mit Tonkügelchen.

Licht, ohne direkte Sonne

Eingang, Gästezimmer, Küche, Schlafzimmer

Im Sommer 1-mal pro Woche, den Rest des Jahres alle 10 Tage gießen, sofern die Erde trocken ist.

10 – 22 °C, kühler Raum im Winter

Lanzettenförmige, fleischige Blätter, die 3 – 6 cm lang werden

Doldige Blütenstände mit etwa 30 weißen, sternförmigen Blüten, die von Juni bis Oktober blühen und einen intensiven Duft verströmen

Kalanchoe blossfeldiana

Flammendes Käthchen

Diese Pflanze blüht quasi das ganze Jahr über, ohne etwas dafür zu verlangen.

Das Geniale an den vielen glockenförmig aufgerichteten kleinen Knospen der Kalanchoe ist, dass sie sich nicht alle gleichzeitig öffnen und die Pflanze dadurch quasi immer blüht. Ihre „flammenden“ Farben bringen Freude in die Wohnung und reichen von Weiß, Gelb und Orange bis zu Rosa, Pink und Rot. Sie hat einen hübschen buschigen Wuchs und bleibt auch nach der Blütezeit schön grün, bevor sie bald darauf erneut zu blühen beginnt. Außerdem ist das Flammende Käthchen langlebig und stellt keine besonderen Ansprüche.

Seine fleischigen Blätter saugen sich mit Wasser voll und erlauben es ihm, mit Trockenheit und wenig Gießwasser auszukommen.

Es blüht sehr lange.

Entfernen Sie immer wieder verwelkte Blüten und beschädigte Blätter.

Schneiden Sie überstehende oder kümmerliche Zweige zurück.

Wie alle Sukkulenten sollten seine Blätter trocken bleiben und nicht befeuchtet werden.

Von Mai bis September schnuppert es gerne Gartenluft – nur nicht in der prallen Sonne.

Direkte Sonne verfärbt seine Blätter rot und verbrennt sie.

Zu viel Wasser lässt seine Wurzeln faulen.

Höhe: 15–40 cm,
Breite: 30 cm

Stellen Sie es ins Licht, aber ohne direkte Sonneneinstrahlung.

Schön hell, ohne direkte Sonne

Ein Fensterbrett irgendwo im Haus

Von April bis Oktober 1-mal pro Woche, sonst alle 14 Tage gießen. Die Erde sollte getrocknet sein, bevor gegossen wird. Die Blätter nicht übergießen.

10–30 °C

Fleischige, glänzend grüne Blätter, dreieckig und gewellt

Eigentlich das ganze Jahr über reichlich kleine Blüten, die in Dolden gruppiert sind und weiß, gelb, orange, rosa, pink oder rot sein können

Monstera deliciosa

Philodendron

oder BAUMFREUND

Er gedeiht fast überall.

Der „Philo“, wie Liebhaber ihn nennen, ist eine megaresistente Pflanze. Wenn Sie nur eine einzige große Pflanze in Ihrem Zuhause haben können, nehmen Sie ihn! Seine großen herzförmigen Blätter sind äußerst dekorativ und teilen sich durch das Licht mit der Zeit in Fächer oder bilden sogar Löcher. Wenn es immer dunkel um sie herum ist, bleiben sie eben ganz. Er entwickelt witzige Luftwurzeln, die sich an der schattigen Seite nach unten fallen lassen, um sich dann in Richtung Licht zu orientieren. Kurz gesagt: Je nach Umgebung wandelt sich sein Äußeres. Man kann ihn auch an einer Rankhilfe wachsen lassen – in Sachen Dschungel-Feeling reicht dem Philodendron keiner das Wasser.

Er kann überall stehen: in der (indirekten) Sonne, ohne Sonne, im Schatten. Er wächst und gedeiht immer weiter.

Besprühen Sie ihn ab und an mit Wasser.

Entstauben Sie in regelmäßigen Abständen vorsichtig seine großen Blätter mit einem feuchten Schwamm.

Von Mai bis September tut ihm einmal wöchentlich verabreichter Grünpflanzendünger gut.

Vor einem Fenster in der direkten Sonne oder bei einer Heizung trocknet er aus.

Höhe: 1 – 3 m, Breite: 1 m

Wenn Sie ihn in einem kleinen Topf gekauft haben, setzen Sie ihn in einen etwas größeren Tontopf um, auf dessen Boden Sie eine Schicht Tonkügelchen auslegen. Stellen Sie ihn an einen schön hellen Ort ohne direkte Sonneneinstrahlung. Besprühen Sie ihn mit Wasser.

Viel Licht, ohne direkte Sonne, bis Halbschatten

Eingang, Wohnzimmer, Büro … alle hellen Räume

Von April bis September 1-mal pro Woche, im Winter alle 2 Wochen gießen.

12 – 24 °C, ideal sind 20 °C.

Runde, löchrige oder gespaltene Blätter, die bis zu 1 m Umfang haben können, die ohne Licht aber auch viel kleiner und löcherlos bleiben

Nematanthus gregarius

Kussmäulchen

oder GOLDFISCHPFLANZE

Die hübsche Pflanze kann im Winter kühl stehen.

Der kleine Strauch fühlt sich in Aufhängungen wohl und lässt dann seine kleinen glänzenden Blätter herabhängen. Seine orangefarbenen Blüten können Sie ab Frühling bewundern. Der Farbe und Form dieser Blüten verdankt er seinen Beinamen „Goldfischpflanze" – kommt hin, wenn man sich die Flossen wegdenkt. Das Kussmäulchen ist wirklich eine einzigartige tropische Schönheit.

Es blüht lange.

Den Winter übersteht es bei Temperaturen von 13 – 15 °C und mit wenig Wasser.

Gönnen Sie ihm von Zeit zu Zeit ein Bad, ohne die Blüten nass zu machen.

Schneiden Sie es ab März zurück: Schneiden Sie die Hälfte der Zweige direkt unterhalb der Blätter ab.

Geben Sie ihm von März bis September regelmäßig Blumendünger.

Zu viel Wasser lässt seine Wurzeln faulen.

Seine Blüten sollten nicht befeuchtet werden, sonst fallen sie ab.

Von zu viel Sonne verblassen seine Blüten und Blätter!

Höhe: bis 35 cm

Bringen Sie sie im Winter an einem kühlen Ort unter. Stellen Sie den Topf auf einen Untersetzer mit Tonkügelchen. Sie sollte viel Licht bekommen, um schöne Blüten ausbilden zu können.

Schön hell, ohne direkte Sonne

Alle hellen Räume

1-mal pro Woche gießen, die Erde feucht halten. Im Winter 1-mal alle 2 Wochen gießen und darauf achten, dass die Erde zwischenzeitlich trocknet.

13 – 22 °C, im Winter 13 – 15 °C

Viele glänzende, fleischige Blättchen von sattem Grün

Von März bis September längliche orange bis gelbe Blüten

Pachira aquatica

Glückskastanie

auch GUYANA oder WILDER KAKAOBAUM

Das Kamel unter den Pflanzen speichert reichlich Wasser in seinem Stamm.

Wer sich einen exotischen Touch für sein Zuhause wünscht, ist mit der Glückskastanie bestens beraten. Ihr Stamm ist dick, recht glatt und manchmal sogar geflochten. Das hübsche Blattwerk aus langen leuchtend grünen Blättern bildet eine runde Krone. Sie sieht wirklich wie ein kleiner Kastanienbaum aus. Mehr Deko als die schnell wachsende Pflanze werden Sie in ihrer Umgebung nicht brauchen.

Sie verträgt sowohl direkte Sonne im Winter als auch vorrübergehend Schatten.

Sie kann den Winter bei 10 – 15 °C überstehen.

Sie können das Gießen ruhig auch mal vergessen, da ist sie nicht nachtragend.

Sie liebt Feuchtigkeit, Bäder und einen feuchten Schwamm, der ihre Blätter säubert.

Stellen Sie sie am besten auf ein Bett aus Tonkügelchen oder Kies.

Stellen Sie sie im Sommer gerne nach draußen, aber nicht in die pralle Sonne.

Düngen Sie sie von April bis September einmal pro Woche.

Topfen Sie sie alle zwei Jahre im Frühling um.

Niemals sollte sich Wasser stauen: Das lässt ihre Wurzeln faulen.

Höhe: 1,5 m

Platzieren Sie sie an einem warmen, hellen Ort, aber geschützt vor direkter Sonne. Stellen Sie sie auf ein gut durchfeuchtetes Bett aus Tonkügelchen. Besprühen Sie sie oft mit Wasser.

Gedämpftes Licht

Alle Räume im Haus

1-mal pro Woche gießen: im Sommer reichlich, im Winter sehr sparsam. Die Erde muss getrocknet sein, bevor wieder gegossen wird.

15 – 25 °C, im Winter 10 – 15 °C

Glänzende Blätter, die 20 – 30 cm groß werden und sich aus 5 – 7 Fiederblättchen zusammensetzen

Pachycereus

Kandelaberkaktus

Die perfekte Pflanze für Gießfaule!

Wenn Ihr Heim viel Sonne abbekommt und Sie einfach nie ans Gießen denken, adoptieren Sie diesen Kaktus! Dank seiner Nadeln kann er in seinem Gewebe überlebenswichtiges Wasser speichern. Er hat sich mittlerweile von seinem altmodischen Ruf befreit und zur Trendpflanze entwickelt, die gleichermaßen in der Maxi- als auch der Minivariante von Designern wiederentdeckt wurde. Er bringt einen kleinen Wüstenhauch in Ihr Zuhause und lässt sich sowohl als größere Version alleine pflanzen als auch mit mehreren kleinen Kakteen zusammensetzen. Viel Spaß!

Er erträgt direkte Sonne und hohe Temperaturen.

Er kann der Trockenheit trotzen.

Er ist pflegeleicht und kostengünstig.

Drehen Sie ihn regelmäßig um 90 Grad.

Entstauben Sie ihn mithilfe einer Zahnbürste.

Stellen Sie ihn im Sommer ruhig auf den Balkon oder die Terrasse.

Setzen Sie ihn gleich in einen (mikroporösen) Tontopf um.

Zu viel Wasser, und er beginnt zu faulen.

Auf keinen Fall sollte sich an seinen Wurzeln Wasser stauen.

Höhe: 50 cm – 1,5 m

Stellen Sie den Topf auf ein Bett aus Tonkügelchen. Platzieren Sie den Kaktus vor einem Fenster mit direkter Sonneneinstrahlung.

Pralle Sonne

In einem sehr sonnigen Raum

Von März bis Oktober 1-mal alle 3 Wochen, von November bis Februar nicht gießen. Niemals darf Wasser im Untersetzer stehen.

10 – 40 °C

Nadeln mit schwarzen Spitzen

Pellaea rotundifolia

Pellefarn

Der Pellefarn ist ein genügsamer Vertreter seiner Familie. Er verträgt verschiedenste Temperaturen und kommt prima mit Feuchtigkeit klar. Außerdem leuchtet er schön und ist sehr dekorativ. Seine filigranen Wedel bestehen aus einem roten Zweig, von dem feste gerundete Blättchen in einem hübschen Grünton abgehen. Er kommt schon als kleine Pflanze mit dichtem immergrünem Blattwerk daher. Der Pellefarn gedeiht auch gut in einem kleinen Gewächshäuschen oder Terrarium, das ihm schön feuchte Luft bietet.

Er erträgt sowohl recht kühle Temperaturen als auch die Wärme eines geheizten Raumes.

Eine erhöhte Luftfeuchtigkeit macht ihm nichts aus.

Er kann auch in einem wenig beleuchteten Raum überleben.

Besprühen Sie seine Blätter regelmäßig mit etwas Wasser, damit seine Blattspitzen nicht austrocknen.

Verwelkte Blätter schneiden Sie am besten am Ansatz ab.

Von April bis September tun Sie ihm mit der Gabe von Grünpflanzendünger im Zwei-Wochen-Rhythmus etwas Gutes.

Zwischen März und Oktober können Sie ihn alle zwei Jahre umtopfen.

Achten Sie darauf, dass seine Blätter nicht zu nass werden.

Zu oft sollte man das Gießen nicht vergessen, sonst stirbt er.

Höhe: 25 cm, Breite: 30 cm

Setzen Sie ihn auf ein Bett aus feuchten Tonkügelchen. Stellen Sie ihn in ein Zimmer mit gedämpftem Licht.

Indirektes, gedämpftes Licht bis Halbschatten

Veranda, Eingang, Wohnzimmer, Gästezimmer, Büro

Im Sommer 2-mal pro Woche, im Winter 1-mal pro Woche gießen.

10–22 °C

Kleine samtige rundliche Blätter von kräftigem Grün

Peperomia spp.

Peperomie

oder ZWERGPFEFFER

Diese Pflanze mag Halbschatten.

Die Peperomie ist eine kleine Pflanze, die nicht viel Platz braucht. Sie können sich natürlich auch mehrere Exemplare besorgen. Sie gehört zu einer großen Pflanzenfamilie, deren Arten sich in Sachen dekorative Blätter gegenseitig übertrumpfen. Von Juni bis August schmückt sie sich mit aufragenden kolbenförmigen weiß-grünen Blütchen. Als junge Pflanze ist sie klein und kompakt, mit dem Alter breitet sie sich langsam etwas aus. Sie ist sehr pflegeleicht, denn sie braucht nicht viel, und bleibt Ihnen dennoch mehrere Jahre erhalten. Im Winter muss sie nur wenig gegossen werden, weil ihre fleischigen Blätter gut Wasser speichern können.

Sie gedeiht gut, ohne allzu viel Licht.

Sie braucht nicht viel Wasser.

Sie reinigt die Luft.

Benetzen Sie sie an schönen Tagen mit Wasser.

Düngen Sie sie von April bis September alle zwei Wochen.

Topfen Sie sie alle zwei bis drei Jahre gegen Ende des Winters um.

Gestautes Gießwasser verträgt sie überhaupt nicht.

Sie hasst Heizungen in ihrer Nähe.

Höhe und Breite: 25 cm

Finden Sie einen Platz mit ein wenig Licht, weit weg von kalter Luft und Heizungen. Im Frühling und Sommer sollten Sie sie häufig mit Wasser benetzen.

Licht, ohne direkte Sonne, oder auch leicht schattig

Eingang, Wohnzimmer, Gästezimmer, Küche, Schlafzimmer, nach Norden ausgerichtete Fensterbank

Im Winter 1-mal pro Woche, das restliche Jahr über alle 2 Wochen gießen. Die Erde sollte zwischenzeitlich trocknen.

12–22 °C

Dicke herzförmige Blätter, glatt oder gewellt, mit erhabenen Adern

Im Sommer lang aufgerichtete weiß-grüne Kolben

Schneiden Sie eine oder mehrere Zweige ab, lassen Sie sie in einem Glas mit Wasser wurzeln, und pflanzen Sie sie in einen Topf mit gut gedüngter Erde.

Pilea peperomioides

Glückstaler

auch CHINESISCHER GELDBAUM, UFOPFLANZE
oder MISSIONARSPFLANZE

Der Glückstaler stammt aus dem Südosten Chinas. Seine runden, geldstückförmigen Blätter mit dem in der Mitte abgehenden Zweig wirken sehr grafisch und originell. Kein Wunder, dass er zur Modepflanze schlechthin wurde, wie Sie anhand zahlreicher Fotos in Einrichtungsmagazinen erkennen können. Er begnügt sich mit wenig Wasser und hält auch mal durch, ohne gegossen zu werden. Etwas Licht – keine direkte Sonne –, und schon gedeiht er! Der Glückstaler hat ein unverwechselbares Äußeres und nimmt recht schnell Züge eines Bäumchens an, indem er einen kleinen Stamm entwickelt, von dem sich seine runden fleischigen Blätter in alle Richtungen strecken. Außerdem bildet er an seinem Fuß Ableger, die Sie wieder einpflanzen können.

Er wächst schnell: In zwei Jahren kann er bis zu 50 cm groß werden.

Er neutralisiert Gerüche und verbessert die Luftqualität.

Man sagt, er bringe Glück und Reichtum. Für Letzteres sollten Sie ein Geldstück in seinen Topf pflanzen.

Für eine schöne gleichmäßige Silhouette sollten Sie ihn ab und zu drehen.

Er liebt es, auf einem Bett aus Tonkügelchen zu stehen.

Geben Sie ihm von April bis September einmal im Monat etwas Dünger.

Besprühen Sie ihn regelmäßig mit Wasser.

Brrr, Kälte ist nichts für ihn!

Es darf sich kein Stauwasser bilden – er übersteht es nicht, wenn seine Wurzeln über längere Zeit nass sind.

Höhe und Breite: 10–50 cm

Räumen Sie ihm rundum etwas Platz ein, denn er streckt sich in alle Richtungen aus. Betten Sie ihn auf Tonkügelchen.

Viel Licht, ohne direkte Sonne

Überall im Haus, am besten in Räumen mit etwas höherer Luftfeuchtigkeit (Küche oder Bad)

1-mal pro Woche; achten Sie darauf, dass die Erde trocken ist, bevor Sie wieder gießen. Danach in der Spüle gut abtropfen lassen.

15–23 °C

Runde, kräftig grüne Blätter von 5 bis 8 cm Durchmesser.

Entnehmen Sie einen Seitentrieb und stellen Sie ihn in Wasser. Sobald sich Wurzeln gebildet haben, pflanzen Sie ihn in einen Topf mit gut gedüngter Erde.

Platycerium bifurcatum

Geweihfarn

Mit seinen interessanten Blättern macht der Geweihfarn seinem Namen alle Ehre. Er wirkt toll in einer Pflanzenampel, am besten einem mit Moos ausgelegten Korb, aus der seine grafischen gezackten Blätter herunterranken können. Im Gegensatz zu anderen Farnen, die feuchte Luft bevorzugen, hat er keine Probleme mit der trockenen Wohnungsluft. Kleiner Fun Fact am Rande: Seine Blätter wachsen zunächst aufrecht und hängen sich erst mit der Zeit aus. Er ist ein echter Hingucker, der Ihrem Zuhause etwas Verwunschenes verleiht.

Dank eines Flaums auf seinen Blättern kann er Feuchtigkeit aus der Luft aufnehmen und so auch trockene Luft ertragen.

Er verträgt Schatten.

Er ist robust und einzigartig.

Gönnen Sie ihm einmal pro Woche ein Tauchbad.

Reinigen Sie seine Blätter ganz vorsichtig mit einer Pinzette oder duschen Sie sie mit einem sanften lauwarmen Wasserstrahl ab.

Topfen Sie ihn alle zwei Jahre im Frühling um.

Zu viel Wasser bringt ihn um!

Seine Blätter dürfen nicht zu grob behandelt werden, sonst brechen sie.

Er verträgt keine Temperaturen unter 13 °C.

Höhe: 50 – 90 cm, Breite: 1,5 m

Platzieren Sie ihn in einer hellen Ecke, idealerweise bei 20 – 24 °C.

Licht, aber ohne direkte Sonne, und Halbschatten

Wohnzimmer, Küche, Bad, beheizte Veranda

1-mal pro Woche gießen, im Sommer reichlich, im Winter wenig. Die Erde muss trocken sein, bevor wieder gegossen wird.

15 – 22 °C

2 Sorten von Blättern: unten hellgrüne bis braune, wenn sie älter werden, und im Zentrum flache und kelchförmige grau-grüne, die bis zu 80 cm lang werden können

Portulacaria afra

Speckbaum

oder JADEBAUM

Ein superwiderstandsfähiger Bonsai!

Wer sich sehnlichst einen Bonsai wünscht, aber keinen grünen Daumen hat, sollte sich einen Speckbaum zulegen. Er ist der robusteste der ganzen Familie. Er erträgt die trockene Luft in unseren Zimmern und kann kühle Temperaturen (15 °C) im Winter aushalten. Stellen Sie ihn in die Sonne, geben Sie ihm ab und an ein wenig Wasser, und er wird Sie nie mehr verlassen! Er wächst von Natur aus sehr langsam – was den Vorteil hat, dass er nicht zurückgeschnitten werden muss. Er hat einen kleinen Stamm und bildet schöne Zweige mit niedlichen grünen Blättchen, die rund und fleischig sind. Dieser Miniaturbaum ist der Star auf jedem Tisch und in jedem sonnendurchfluteten Büro!

Er trotzt trockener Luft und Hitze.

Er hat die Vorteile eines Bonsais, ist aber nicht so empfindlich wie die anderen.

Wenn Sie ein paar seiner Triebe im Frühjahr zurückschneiden, verzweigt er sich schön.

Drehen Sie ihn regelmäßig, damit er gleichmäßig wächst.

Geben Sie ihm von Mai bis September einmal im Monat Kakteendünger.

Umtopfen ist alle drei Jahre im Frühling angesagt.

Richtiger Schatten ist nichts für ihn.

Zu viel Wasser bringt ihn um.

Halten Sie ihn trocken – keine Duschen für den Speckbaum!

Höhe: 25 cm, Breite 15–20 cm

Platzieren Sie ihn an einem sonnigen Fleckchen auf einem Tisch, im Büro … am besten allein, denn er ist zwar klein, verdient es aber, in seiner ganzen Pracht wahrgenommen zu werden.

Pralle Sonne

Wohnzimmer, Büro

Von April bis September 1-mal pro Woche, den Rest des Jahres über 1-mal pro Monat gießen. Lassen Sie ihn abtropfen.

15–30 °C

Glatte, runde, fleischige Blätter von 2 cm Durchmesser

Radermachera sinica

Zimmeresche

Die kräftige Zimmeresche macht sich gut in unseren modernen Behausungen und lässt sich von der veränderlichen Luftfeuchtigkeit nicht stören. Ihre schlanke, nach oben hin breiter werdende Silhouette und ihr luftiges, kräftig grün glänzendes Blattwerk sind äußerst elegant – zu 100 % Zen. Sie wächst schnell und verleiht Ihrem Raum so im Nu Urwaldatmospähre.

Sie wird viele Jahre alt.

Sie ist nicht pflegeintensiv und wächst schnell.

Sie passt sich an Heizungsluft sowie an eine feuchte Umgebung an.

Stellen Sie sie im Sommer gerne nach draußen an einen sonnen- und windgeschützten Ort.

Sie gedeiht noch besser, wenn Sie von Zeit zu Zeit vertrocknete Zweige entfernen.

Düngen Sie sie von Frühling bis Herbst alle 14 Tage.

Sie verträgt keinen Luftzug, keine verschmutzte und zu abgestandene Luft.

Zigarettenrauch lässt ihre Blätter abfallen.

Zu viel Wasser bringt sie um!

Höhe: bis zu 1,50 m

Stellen Sie sie auf ein Bett aus Tonkügelchen oder Kies. Wählen Sie einen hellen, warmen Ort, und besprühen Sie sie mit Wasser.

Schön hell, aber ohne direkte Sonne

Helle Räume einschließlich Veranda; besser nicht in der Küche

1-mal alle 10 Tage zurückhaltend gießen und die Erde gut abtropfen lassen. Erst wieder gießen, wenn sich die Erde oben trocken anfühlt.

15 – 22 °C

Ovale, spitz zulaufende und leicht gewellte Blätter von glänzendem, kräftigem Grün

Saintpaulia

Usambaraveilchen

Die wunderschöne Pflanze ist robust und blüht fast das ganze Jahr über.

Das Usambaraveilchen ist die am häufigsten angebaute und verkaufte Pflanze der Welt! Es gibt Usambaraveilchen in verschiedensten Farben, darunter sogar zweifarbige Sorten, und unterschiedlichen Formen, sodass jede und jeder das passende Exemplar für sich findet. Es bringt in jedem Fall Fröhlichkeit in Ihr Zuhause, und wenn sie es in ein etwas ungewöhnlicheres Behältnis (Teedose, Eierbecher, Suppenschüssel ...) pflanzen, setzen Sie damit einen witzigen Akzent in Ihrer Einrichtung. Usambaraveilchen sind nicht teuer und existieren in zahlreichen Varianten: Warum beginnen Sie nicht Ihre persönliche Sammlung und stellen sich überall welche hin?

Sie ist die Schönste unter den Luftreinigern.

Sie ist einfach in der Handhabung, denn sie wechselt ganz von allein zwischen Wachstums-, Blüte- und Ruhephasen.

Sie blüht zehn Monate im Jahr.

Stellen Sie ihren Topf auf ein Bett aus Tonkügelchen.

Zum Gießen stellen Sie sie am besten in ein Schälchen und leeren das Wasser nach ein paar Stunden wieder aus, sonst können die Zweige von unten faulig werden.

Schneiden Sie nach und nach verwelkte Blätter und Blüten ab, und drehen Sie den Topf regelmäßig.

Nicht abduschen! Es sollte kein Wasser auf ihre Blätter und Blüten gelangen.

Pralle Sonne verbrennt ihre Blätter.

Höhe: 10–30 cm

Licht, ohne direkte Sonne

Schlafzimmer oder Wohnzimmer

1-mal pro Woche gießen. Die Erde muss immer leicht feucht bleiben. Achten Sie darauf, Blätter und Blüten nicht nass zu machen.

18–24 °C

Behaarte Blätter

Fast das ganze Jahr über 5 Blütenblätter und gelbe Staubblätter; oft rosa, lila oder weiße Blüten

Sansevieria trifasciata

Bogenhanf

oder BEAMTENSPARGEL

Er ist schlicht nicht kleinzukriegen!

Der Bogenhanf wird auch „Beamtenspargel“ genannt, weil er aufgrund seiner Anspruchslosigkeit eine äußerst beliebte Büropflanze ist und tatsächlich zur Familie der Spargelgewächse gehört.
Diese Pflanze ist ein absolutes Kamel, das vergessenes Gießen, Ferien und sonstigen Wassermangel übersteht. Die schönen intensiv grünen langen Blätter des Bogenhanfs scheinen geradewegs aus der Erde zu sprießen. Er peppt jedes weiße nüchterne Zimmer auf und lässt sich hervorragend mit rundblättrigen Pflanzen wie dem Glückstaler kombinieren.

Wenn Sie in die Ferien fahren und ihn vergessen, wird er nach ihrer Rückkehr immer noch da sein.

Seine Blätter filtern die Luft und absorbieren die Ausdünstungen giftiger Substanzen.

Er braucht nicht viel Pflege.

Stauben Sie seine Blätter mit einem feuchten Schwamm ab.

Von Mai bis September freut er sich über Kakteendünger einmal im Monat.

Schneiden Sie nicht die Spitzen seiner Blätter ab, sonst wird er aufhören zu wachsen!

Nasse Wurzeln sind für ihn fatal.

Höhe: 80 cm – 1,20 m

Stellen Sie ihn an einen hellen Ort ohne direkte Sonne, und betten Sie ihn auf Tonkügelchen.

Licht, ohne direkte Sonne

Eingang, Wohnzimmer, Gästezimmer, Schlafzimmer … überall!

Von März bis Oktober 1-mal alle 2 Wochen, von November bis Februar 1-mal pro Monat gießen. Lassen Sie die Erde zwischenzeitlich gut trocknen.

12 – 25 °C; trockene oder feuchte Luft – egal!

Lange, spitze, aufgerichtete Blätter, kräftig grün mit grau-grünem Zebramuster und hellgelben Rändern

Selten, kann aber im Frühling kleine kolbenförmige Blüten bekommen, die leicht duften

Die pflegeleichte Pflanze hängt am liebsten ab.

Saxifraga stolonifera

Hängender Steinbrech

Wie sein Name schon andeutet, fühlt sich der Hängende Steinbrech in Ampeln besonders wohl. Er bildet „Ausläufer", die sich wasserfallartig hinabstürzen und an deren Ende leicht behaarte Miniblättchen wachsen. Die kleinen runden Blätter sind ganz leicht gezackt, von dünnen weißen Adern durchzogen und in kleinen Büscheln zu Rosetten angeordnet. Sie können ihn entweder aufhängen oder klettern lassen. Im Sommer blüht der Steinbrech und schmückt sich mit winzigen weißen Blütchen.

Er ist sehr widerstandsfähig und hält winterlichen Temperaturen bis 7 °C stand.

Er kann auch draußen in die Erde gepflanzt werden, zum Beispiel in Einfassungen, Steingärten oder im Unterholz.

Entfernen Sie nach und nach beschädigte Blätter und verwelkte Blüten.

Wenn er viel Licht bekommt, werden seine Blätter grüner.

Er verbringt den Sommer gerne draußen, etwa auf einem Fensterbrett, dem Balkon, der Terrasse ...

Topfen Sie ihn im Frühling alle zwei Jahre um.

Kein Wasser darf auf die behaarten Blätter gelangen, also: keine Duschen, kein Besprühen!

Seine Wurzeln wollen nicht im Wasser stehen, sonst faulen sie.

Schneiden Sie ihn nicht zurück.

Höhe: 10 – 20 cm, hängend: 30 cm

Hängen Sie ihn in einem hellen, nicht zu warmen Zimmer auf.

Licht, aber keine direkte Sonne, bis Halbschatten

In einer Ampel

1-mal pro Woche gießen. Im Frühling und Sommer sollte die Erde kühl bleiben. Sonst die Erde gut trocknen lassen, bevor wieder gegossen wird.

7 – 20 °C, im Winter 7 – 12 °C

Runde, leicht gezackte grüne Blätter mit weißen Adern

Feiner Trieb mit winzigen weißen Blüten mit 5 Blütenblättern

Schlumbergera

Weihnachtskaktus

oder GLIEDERKAKTUS

Dieser Kaktus kann 50 Jahre alt werden!

Sein Name kommt nicht von ungefähr: Der Weihnachtskaktus verschönert Ihr Zuhause pünktlich zu den Festtagen. Von November bis Februar, wenn es draußen grau ist, steht er in Blüte – und zwar auf ganz unglaubliche Weise: Am Ende seiner gebogenen Zweige wachsen aus den Spitzen seiner flachen Blätter rote, rosa-, orangefarbene oder weiße Blüten. Dann kommen grüne bis rötliche Früchte, die Ähnlichkeit mit Rosinen haben. Etwas erhöht steht er am besten, um seine wallende Form zur Geltung zu bringen. Wenn Sie einen guten Platz für ihn gefunden haben, sollten Sie ihn dort belassen. Kleine Info am Rande: Der Weihnachtskaktus gehört tatsächlich zu den Kakteen, auch wenn er nicht pikst.

Er reinigt die Luft.

Er ist ein Freund fürs Leben.

Er blüht sehr lange.

Besprühen Sie ihn von Zeit zu Zeit mit Wasser.

Wenn sich die Blütenknospen gebildet haben, sollte er nicht mehr umgestellt werden.

Verwöhnen Sie ihn von Juni bis Oktober einmal im Monat mit Kakteendünger.

Ist er auf Dauer zu viel Licht ausgesetzt, behindert das seine Blüte.

Wird die Erde zu trocken, verliert er seine Knospen.

Aufgrund seiner tropischen Herkunft übersteht er keine Temperaturen unter 10 °C.

Es darf sich kein Stauwasser bilden, sonst faulen seine Wurzeln.

Höhe: 25–30 cm

Betten Sie ihn auf Tonkügelchen. Er blüht lange, suchen Sie ihm also ein helles, warmes Plätzchen, an dem er gebührend bewundert werden kann.

Schön hell, aber keine direkte Sonne; um in voller Pracht blühen zu können, braucht er etwa zwölf Stunden im Dunkeln.

Helle Räume ohne Luftzug; keine Durchgangszimmer

Von Juni bis März 1-mal pro Woche, sonst 1-mal alle 2 Wochen gießen, wenn die Erde oben trocken ist.

10–25 °C

Lange, flache Blätter

Von November bis Februar rötliche oder weiße trompetenförmige Blüten

Schneiden Sie 2 nicht blühende Blattsegmente ab, lassen Sie sie 2–3 Tage trocknen, und pflanzen Sie sie in einen Topf, indem Sie den Stiel 1 cm in gut gedüngte Erde stecken.

Scindapsus aureus

Efeutute

auch GOLDENE EFEUTUTE
oder GOLDRANKE

Allein ihre herzförmigen Blätter sind ein gutes Omen. Die hellgrünen, fast gelben mit silbrigen Pünktchen verzierten Blätter der Efeutute erhellen jeden Raum. Bei sehr hoher Luftfeuchtigkeit werden die Blätter viel größer und verändern auch ihre Form kaum noch. Sie bildet einen herrlichen Kontrast zu dunkelgrünen Pflanzen und lässt sich mit ihren Haftwurzeln gut hängend platzieren oder an einem bemoosten Pflanzstab, einem Rankgitter oder einer ähnlichen Kletterhilfe einpflanzen. Ihre Triebe können mehrere Meter lang werden und sind damit ideal geeignet, um von einem hohen Regal, einem Schrank oder einem Mauerstück herabzuwachsen.

Sie ist eine Liane und wächst immer weiter.

Ihr wird nachgesagt, Glück und Wohlstand zu bringen: Sie ist also ein wunderbares Geschenk für einen Freund, der Aufmunterung braucht – oder auch für Sie selbst.

Sie reinigt die Luft.

Besprühen Sie sie mit Wasser.

Schneiden Sie zu lange oder nicht mehr schöne Lianen beherzt ab.

Topfen Sie sie alle zwei Jahre im Frühling um.

Halten Sie sie von Luftzügen fern.

Zu viel Wasser lässt zuerst ihre Blätter braun werden, dann stirbt die ganze Pflanze ...

Höhe: 50 cm – 3 m; herabhängende Lianen erreichen bis zu 3 m Länge.

Pflanzen Sie sie in eine Ampel oder zu einer Rankhilfe. Stellen Sie sie in einen schön hellen Raum mit 1 – 2 m Abstand zu einem Fenster.

Licht oder Halbschatten, keine direkte Sonne; im Schatten verliert sie ihre schönen Maserungen.

Alle Räume außer Kinderzimmern – ihr Saft kann brennen.

1-mal pro Woche gießen, die Erde zwischenzeitlich trocknen lassen.

14 – 25 °C

10 – 20 cm lange herzförmige Blätter, fest und glänzend

Schneiden Sie einen oder mehrere schöne Zweige ab, lassen Sie sie in einem Glas mit Wasser Wurzeln ziehen, und pflanzen Sie sie in einen Topf mit gut gedüngter Erde.

Spathiphyllum wallisii

Einblatt

auch SCHEIDENBLATT
oder FRIEDENSLILIE

Mit dieser Pflanze sind spontane Reisen kein Problem!

Das Einblatt hat ein dichtes Blattwerk und blüht ganzjährig mit großen weiß-grünlichen kolbigen Blütenständen. Es gedeiht überall, vorausgesetzt, es erhält Licht, selbst wenn dieses weit weg ist oder von Norden kommt. Es ist eine pflegeleichte und robuste Pflanze. Sollten Sie es vergessen haben und es daraufhin etwas kümmerlich aussehen, bleiben Sie ruhig: Gießen Sie das Einblatt ausgiebig, lassen Sie das Wasser abtropfen und siehe da! Schon einige Stunden später ist sie erholt und bereit für einen neuen Lebenszyklus (unglaublich, aber wahr).

Es kann zeitweise vergessen werden.

Es ist hübsch und widerstandsfähig.

Es gehört zu den Pflanzen mit den besten luftreinigenden Fähigkeiten.

Entfernen Sie kontinuierlich verwelkte Blüten und gelbe Blätter.

Besprühen Sie das aus Südamerika stammende Gewächs von Zeit zu Zeit mit Wasser (aber nicht die Blütenstände!).

Wischen Sie die Blätter gelegentlich mit einem feuchten Schwamm ab.

Am besten topfen Sie es jedes Jahr im Frühling um.

Luftzüge sind nicht gut, denn sie trocknen seine Blattspitzen aus.

Zu viel Wasser, zu wenig Licht, zu viel Dünger: Es blüht nicht mehr und wird schließlich sterben.

Es ist sehr häuslich: Wenn Sie einen guten Platz gefunden haben, sollten Sie es nicht mehr umstellen.

Höhe: 30 cm – 1,50 m

Betten Sie es auf Tonkügelchen. Besprühen Sie es. Suchen Sie einen hellen Ort und stellen es nicht mehr um.

Kann zeitweise Halbschatten vertragen.

Alle Räume; solche mit höherer Luftfeuchtigkeit sind vorzuziehen.

1-mal pro Woche gießen; die Erde immer leicht feucht halten.

16 – 22 °C

Glänzende, recht dunkelgrüne Blätter von 30 – 50 cm Länge

Ganzjährig weiße kolbenförmige Blütenstände

Syngonium podophyllum

Purpurtute

oder PFEILBLÄTTRIGES SYNGONIUM

Die Purpurtute ist eine tropische Kletterpflanze, die sehr schnell und unkompliziert wächst. Sie klettert wie im Dschungel an einer Rankhilfe hinauf oder hängt aus einer Ampel herab. Ihre Lianen können bis zu zwei Meter lang werden, wenn Sie sie aber lieber in etwas kompakterem Format halten möchten, genügt es, ihre Triebe oberhalb eines Blattknotens zu kneifen. In allen Varianten ist sie eine äußerst dekorative Pflanze, deren lange speerspitzenförmige Blätter sich mit zunehmendem Alter auffächern. Sie wird um die zehn Jahre alt.

Sie wächst schnell.

Sie verträgt Halbschatten.

Sie hat luftreinigende Eigenschaften.

Duschen Sie die Blätter der Purpurtute regelmäßig von oben und von unten ab. Sie liebt Feuchtigkeit.

Reinigen Sie die Blätter mit einem feuchten Schwamm.

Düngen Sie sie von März bis Juli alle 14 Tage.

Topfen Sie sie alle zwei Jahre im März oder April um.

Sie verträgt keine Kälte!

Achten Sie darauf, dass das Gießwasser sich niemals staut.

Höhe: bis zu 2 m

Stellen Sie sie auf ein Bett aus Kies oder Tonkügelchen, das Sie feucht halten. Sie sollte in der Nähe eines Fensters mit Gardine im Warmen untergebracht werden. Besprühen Sie sie mit Wasser.

Licht, ohne direkte Sonne, bis Halbschatten

Alle hellen Räume

1-mal pro Woche gießen, wobei die oberen 2–3 cm der Erde immer trocknen sollten, bevor wieder gegossen wird.

15–22 °C

Speerspitzenförmige, leuchtend grüne Blätter mit cremefarbener Maserung, die 10–30 cm lang werden

Wenn es eine unverwüstliche Zimmerpflanze gibt, dann ist es diese hier!

Tradescantia fluminensis

Rio-Dreimasterblume

oder WEISSBLÜTIGES GOTTESAUGE

Die Rio-Dreimasterblume ist eine wirklich überlebensstarke, pflegeleichte und absolut robuste Pflanze. Sie hat zierliche Zweige und eignet sich von ihrer Wuchsform her ideal zur Pflanzung in einer Ampel. Sie wächst schnell – wenn es Ihnen zu viel wird, schneiden Sie die Triebe einfach zurück, die Pflanze wird daraus nur noch schöner hervorgehen. Die abgeschnittenen Zweige können Sie in eine Vase mit Wasser stellen. Und wenn sich Wurzeln bilden, pflanzen Sie sie in einen hübschen Topf und schon haben Sie ein prima Geschenk für Freundinnen und Freunde. Das ist auch eine nette Beschäftigung für Kinder.

Sie kann sich gut an Wärme und das Raumklima anpassen.

Sie kommt mit mäßiger Helligkeit zurecht.

Sie verzeiht Gießfehler.

Sie kann gut mit anderen Pflanzen zusammengesetzt werden und zum Beispiel am Fuß einer anderen Pflanze gedeihen.

Sie wird noch schöner, wenn Sie sie beherzt zurückschneiden.

Düngen Sie sie von Mai bis Oktober einmal im Monat.

Topfen Sie sie alle zwei Jahre in einen etwas größeren Topf um.

Gefahren

Durch direkte Sonneneinstrahlung werden ihre Blätter braun und fallen ab.

Länge: bis zu 80 cm

Gerne wächst sie in einer dichten Kaskade von einem Möbelstück oder aus einer Ampel herab.

Hell bis halbschattig, keine direkte Sonne

Alle Räume – sie stellt keine besonderen Ansprüche an die Luftfeuchtigkeit.

1-mal pro Woche gießen, nicht übertreiben. Die Erde sollte leicht feucht bleiben.

10 – 22 °C

5 – 10 cm lange lanzettförmige Blätter von leuchtendem Dunkelgrün, oft von weißen, cremefarbenen, blassgrünen oder rosa Adern durchzogen

Im Sommer kleine Blumenkronen, die nur einen Tag lang blühen

Stellen Sie abgeschnittene Zweige in eine Vase mit Wasser, und topfen Sie sie ein, sobald Wurzeln zu sehen sind.

Yucca elephantipes

Riesenpalmlilie

Solide wie ein Fels

Die häufig auch einfach als Yuccapalme bezeichnete Riesenpalmlilie macht allein aufgrund ihrer Größe Eindruck. Sie stammt aus der Wüste und mag es daher sonnig, warm und trocken. Sie stützt sich auf einen dicken rauen Haupttrieb, den man fast schon einen Stamm nennen kann, von dem ihre langen, weichen grünen Blätter abgehen. Diese gruppieren sich in Rosetten und sind manchmal ganz schön spitz. Die imposante Pflanze bringt einen exotischen Touch in Ihren Wohnraum.

Sie ist ein kleiner Baum, der er drinnen gut aushält.

Sie übersteht vergessenes Gießen.

Sie reinigt die Luft, vor allem von Kohlenmonoxyd und Ammoniak.

Eine wöchentliche Dusche zum Erfrischen und Entstauben ist für sie eine Wohltat.

Wenn Sie die Möglichkeit haben, stellen Sie sie im Sommer nach draußen. Das macht sie noch kräftiger.

Geben Sie ihr von April bis September einmal im Monat Dünger.

Nasse Füße: Ihre Wurzeln faulen, und das war's.

Stellen Sie sie nicht an einen dunklen Ort.

Zu starke Hitze und Heizungen verträgt sie nicht.

Höhe: 50 cm – 2 m

Wenn sie nicht stabil in ihrem Originaltopf steht, topfen Sie sie in einen etwas größeren Tontopf um. Stellen Sie den Topf auf befeuchtete Tonkügelchen, eine feuchte Umgebung tut ihr gut.

Direkte Sonne

Eingang, Gästezimmer, Veranda

Im Sommer 2 – 3-mal pro Woche, im Winter 2-mal pro Monat gießen. Lassen Sie die Erde trocknen, bevor Sie wieder gießen.

18 – 24 °C

Lange, breite, spitz zulaufende Blätter von 30 cm – 1 m Länge

Zamioculcas zamiifolia

Glücksfeder

oder ZAMIE

Die Glücksfeder ist robust wie kaum eine andere Pflanze, sieht schön aus und hat immer einen cleanen Look. Man könnte sie mit ihren langen in Richtung Himmel gestreckten Trieben glatt für neugierig halten. An dieser Pflanze kommt man aus mehreren guten Gründen nicht vorbei. Sie ist robust, pflegeleicht, dekorativ und wächst langsam (ein bis zwei Blätter pro Jahr, die zusammengefaltet darauf warten, sich im Erwachsenenalter zu öffnen). Dieses faszinierende Spektakel kann Ihnen über viele Jahre Freude bereiten. Um ihren komplizierten Namen zu vereinfachen nennt man sie auch kurz Zamie.

Sie erträgt die extremsten Temperaturen.

Sie können sie – manchmal – vergessen. Sie überlebt bei vergesslichen Gießern.

Sie hält Lichtmangel aus.

Schneiden Sie gelbe oder braune Blätter direkt an der Basis ab.

Benetzen Sie sie ab und an mit Wasser, besonders im Winter, wenn geheizt wird.

Geben Sie ihr von März bis Oktober einmal im Monat Grünpflanzendünger.

Zu viel Wasser lässt sie dunkel werden und faulen. Ihre Wurzeln hassen es, durchtränkt zu werden.

Höhe und Breite: 50 cm – 1 m

Stellen Sie sie auf ein Bett aus Tonkügelchen.

Licht, ohne direkte Sonne, bis Schatten

Alle Räume im Haus

In kleinen Dosen 1-mal pro Woche gießen. Die Erde muss trocken sein, bevor wieder gegossen wird.

8 – 25 °C

Blattgruppen auf einem fleischigen langen Stängel, der an der Basis dicker wird und oben spitz zuläuft und 30 – 60 cm lang wird

Unverwüstliche Balkon- und Gartenpflanzen

—

Sie haben das Glück, ein Fleckchen Erde im Freien nutzen zu können, aber Ihre bisherigen Versuche, es zu begrünen, waren von Misserfolgen geprägt? Das wird sich dank der nachfolgenden Pflanzenauswahl augenblicklich ändern! Ich stelle Ihnen ausschließlich Pflanzen vor, die sich für Gärtnerneulinge eignen. Sie brauchen kein Experte für Standorte oder Gießverhalten zu sein, denn sie alle halten sich ganz unkompliziert auf einem kleinen Balkon, einer Terrasse, in einem Hof oder, bei den ganz Glücklichen, in einem Garten. Stürzen Sie sich ohne Risiko ins Abenteuer!

—

Armeria maritima

Strand-Grasnelke

Wind, Hitze, Frost – die Grasnelke passt sich an alles an!

Die Strand-Grasnelke mag zunächst wie ein intensiv grüner Grasbüschel wirken, aber im Frühling, wenn ihre runden Blütenköpfchen in Hülle und Fülle erblühen und einen regelrechten Blütenteppich bilden, erstrahlt sie in Rosa. Die einzigartige Grasnelke ist superrobust, sie gedeiht als Bodendecker in Gärten, in Blumenkästen, im Feld, in der Stadt, am Meeresufer – kurz: Diese Pflanze ist eigentlich überall überlebensfähig.

Wind macht ihr nichts aus.

Sie übersteht Frost.

Sie hält Trockenheit aus.

Die Gischt am Meeresufer kann ihr nichts anhaben.

Sie eignet sich auf trockenen und sandigen Böden gut als Alternative zum Rasen.

Entfernen Sie immer wieder verwelkte Blüten, um kommende Blütezeiten zu erleichtern.

Wenn sie eingetopft ist, sollte sie auf keinen Fall zu viel gegossen werden.

Höhe: 40 cm

Stellen Sie sie im Topf an einen hellen Ort, oder pflanzen Sie sie direkt in die Erde, die zuvor gut gedüngt wurde.

Pralle Sonne

Topf, Blumenkasten, Gartenrand, Steingarten

Als Topfpflanze im Sommer 1-mal pro Woche gießen. Im Garten nicht gießen.

–20 – +30 °C

Gerade, lange immergrüne Blätter von kräftigem Grün

Von Mai bis August rosa oder weiße Blüten in Kugelform an der Spitze der Blätter

Aucuba japonica

Japanische Aukube

oder JAPANISCHE GOLDORANGE

Sie mag Schatten und ist nicht zimperlich.

Wenn Sie eine schattige Ecke im Garten oder auf dem Balkon begrünen möchten, ist die Japanische Aukube die richtige Pflanze für Sie. Vergessen Sie ihren schlechten Ruf als Strauch für öffentliche Grün- oder Gebäudeanlagen, wo sie häufig hoher Luftverschmutzung ausgesetzt und ganz verstaubt ist. Dabei kann sie eine wahre Schönheit sein! Die immergrüne Pflanze hat ein hübsches mit Goldtupfen versehenes Blattwerk, das sich mit scharlachroten Früchten schmückt. Ihre Wuchsform ist rund und kompakt, und sie begnügt sich mit allen Böden – außer mit solchen, die von Wasser durchtränkt sind. Dazu ist sie äußerst robust: Sie übersteht sowohl Temperaturen bis –10 °C als auch Trockenheit.

Sie mag Schatten.

Sie hält Luftverschmutzung stand.

Sie ist nicht anfällig für Krankheiten.

Sie wird umso schöner, wenn Sie im Frühling Blätter oder Zweige, die (aufgrund zu großer Kälte) dunkel geworden sind, ganz unten abschneiden.

Wenn Sie in einem Kübel steht, düngen Sie sie von Juli bis August alle zwei Wochen.

Unter Sonnenlicht leidet sie, und ihre Farben verblassen.

Von zu viel Wasser beginnt sie zu faulen.

Höhe: 2,50 m, Breite: 1,50 m

Egal, ob im Kübel oder direkt in der Erde: Pflanzen Sie sie im Herbst ein.

Halbschatten bis Schatten

Im Garten direkt in die Erde; auf der Terrasse oder dem Balkon im Topf

Im Boden bei großer Hitze etwas gießen; im Kübel von Frühling bis Herbst 1-mal pro Woche, sonst 1-mal alle 2 Wochen gießen.

–10 – +30 °C

Große, ovale Blätter, dunkelgrün glänzend mit gelben Maserungen oder Punkten

Sofern eine Befruchtung stattgefunden hat, trägt die weibliche Pflanze knallrote Früchte, die im Herbst erscheinen und den ganzen Winter über bleiben.

Schneiden Sie einen oder mehrere schöne Zweige ab, und stellen Sie sie in eine Vase. Wenn sie Wurzeln bekommen, pflanzen Sie sie in einen Topf mit gut gedüngter Erde.

Chamaecyparis ellwoodii

Lawsons Scheinzypresse

Diese kleinwüchsige Scheinzypresse ist total süß und trotzt der Luftverschmutzung!

Die kleinwüchsig gezüchtete Scheinzypresse braucht nicht viel: Pflanzen Sie sie in einen gut gedüngten Boden, und sie wird sich still und leise entwickeln. Nur bei großer Hitze sollten Sie sie ausgiebig gießen. Ansonsten bestreitet sie ihr Leben allein. Ihr eleganter kegelförmiger Wuchs macht sie zu einem hübschen Gestaltungselement für Balkon oder Garten. Damit Ihnen nicht langweilig wird, ändert sie sogar leicht ihre Farbe. Ihr sonst bläuliches Grün verwandelt sich unter dem Einfluss von Winterkälte zu Stahlblau. Geheimtipp für offene Balkone oder Terrassen: Sie eignet sich auch prima als Sichtschutz.

Sie gedeiht auch in nährstoffarmen Böden.

Sie kann gut mit verschmutzter Luft umgehen.

Sie eignet sich als Sichtschutz.

Sie hat eine grafische Form und immergrünes Laub.

Mit einem jährlichen kleinen Zuschnitt verschönern Sie ihre Form und tun der Pflanze etwas Gutes.

Zu lange Dürreperioden hält sie nicht gut aus.

Höhe: 30 cm – 3 m,
Breite: 50 cm – 1,50 m

Platzieren Sie sie an einem windgeschützten Ort, und pflanzen Sie sie in gut gedüngte Erde. Gießen Sie sie während der Anpflanzung reichlich.

Sonne bis Halbschatten

Auf der Terrasse oder dem Balkon im Kübel oder im Garten direkt in der Erde

Wenn sie im Topf steht, im Sommer 1-mal pro Woche gießen. In den Boden gepflanzte Scheinzypressen nur bei anhaltender Hitze gießen.

−15 – +30 °C

Immergrüne zarte Blätter von gräulich-bläulichem Grün

Cytisus racemosus

Geißklee

Ihm kann Hitze nichts anhaben.

Der rundliche Strauch wirkt anmutig mit seinen verzweigten weichen, langen Trieben und kann sowohl direkt in die Erde als auch in einen Kübel gepflanzt werden. Der Geißklee (der auch als Ginster bezeichnet wird, aber eine eigene Gattung bildet) stellt quasi keine Ansprüche. Ab April wartet er mit einem Meer aus gelben Blüten auf, die einen leichten Zitrusduft verströmen. Diese Goldkugel hilft wirklich dabei, den Winterblues zu vergessen, und gilt auch als Frühlingsbote. Zudem wächst der Geißklee ziemlich schnell und passt sich den meisten Umgebungen problemlos an. Überzeugt?

Er verträgt Hitze.

Er gedeiht in nährstoffarmen Böden.

Er hat schöne Blüten und duftet gut.

Schneiden Sie ihn nach der Blütezeit zurück.

Starken Frost verträgt er nicht.

Höhe: bis 1,20 m,
Breite: 1 m

In der Blütezeit reichlich gießen.

Sonne

Auf dem Balkon oder der Terrasse im Kübel oder im Garten direkt in der Erde

Wenn er im Topf steht, im Sommer 1-mal pro Woche, das restliche Jahr über 1-mal pro Monat gießen. In den Boden gepflanzten Geißklee nicht gießen.

–5 – +30 °C

Ovale immergrüne Blätter, grün mit silbrigen Reflexen

Von April bis Juni knallgelbe duftende Blüten

Equisetum japonicum

Japanischer Winter-Schachtelhalm

Die Pflanze schlechthin für feuchte Böden!

Wenn Sie draußen einen Platz haben, der immer feucht bleibt, haben Sie gerade die passende Pflanze gefunden. Die grafisch wirkenden Halme passen sich gut in eine moderne Umgebung ein. Dieser Schachtelhalm ist ein originelles Gewächs, ohne sich in den Vordergrund zu drängen: Er besitzt keine Blätter, dafür aber lange zylindrische Sprosse, die gerade nach oben ausgerichtet sind. Solange seine Wurzeln im Feuchten stehen, braucht er so gut wie keine weitere Pflege. Seine Sprosse können allerdings abgeschnitten werden und ergeben in Sträuße gebunden oder getrocknet stylishe Dekoelemente.

Er ist äußerst robust und erträgt Temperaturen bis –25 °C.

Er wächst schnell.

Er gedeiht in allen Böden.

Er eignet sich prima als Ergänzung in Sträußen.

Schneiden Sie vertrocknete Triebe zurück.

Er hasst Trockenheit!

Höhe: 60 – 90 cm

Stellen Sie ihn in einen Kübel mit Wasserspeicher, um nicht ständig ans Gießen denken zu müssen. Alternativ können Sie ihn auf gut durchtränkte Tonkügelchen betten.

Sonne bis Halbschatten

Auf dem Balkon oder der Terrasse; direkt in der Erde am Rand eines Teichs

Halten Sie die Erde immer feucht.

–25 – +30 °C

Immergrüne Sprosse mit Knoten, die schwarze Jahresringe auf den grünen Halmen bilden

Im Frühling gelbe kolbenförmige Blütenstände

Gaura lindheimeri

Prachtkerze

oder PRÄRIEKERZE

Sie gewöhnt sich an jedes Klima.

Die Prachtkerze blüht von Juni bis zum ersten Frost in Rosa, Weiß oder gar zweifarbig und passt sich an sämtliche sommerlichen Wetterkapriolen an. Sie braucht keine Extrabehandlung und garantiert eine stabile Blüte, die mehrere Monate anhält. Sie macht sich ebenso gut im Beet wie auf der Terrasse, wo sie mit ihren langen, feinen Zweigen einen luftig leichten Eindruck macht. Ihre Blüten werden sogar mit kleinen Schmetterlingen verglichen. Sie kann einen Meter hoch werden und bleibt dabei immer schön gerade. Die Prachtkerze stellt sowohl eine perfekte Hintergrundbepflanzung als auch einen schönen Hauptakteur dar. Wenn sie doch zu sehr einer Giraffe nacheifert, können Sie sie im Hochsommer gerne um 20 Zentimeter kürzen. Dadurch wird sie dichter. Wenn Sie sie lassen, wird sie weiter aussamen. Ökogärten und Pflanzkübel bieten ihr ein geeignetes Zuhause.

Sie widersteht Trockenheit und Kälte.

Weder Wind noch Regen können sie vom Blühen abhalten.

Sie passt sich an nährstoffarme Böden an.

Sie wächst schnell und samt von selbst aus.

Sie ist gegen Schädlinge gut gerüstet.

Entfernen Sie verwelkte Blütenstängel im Sommer zwei- bis dreimal, und beschneiden Sie die Zweige im Februar bis zehn Zentimeter über dem Boden.

Schneiden Sie sie nach der Blütezeit beherzt zurück.

Schatten kann sie gar nicht leiden.

Zu viel Wasser, und sie stirbt.

Höhe: 50 cm – 1 m

Wenn sie direkt in die Erde soll, pflanzen Sie sie an einen sonnigen Platz am Beetrand. Im Kübel sollte sie ebenfalls in der Sonne stehen, im Gefäßboden eine 5 cm Schicht aus Tonkügelchen oder Kies auslegen.

Pralle Sonne

Kübel, Topf, Blumenkasten oder direkt in den Boden

Wenn sie direkt in den Boden gepflanzt wurde, ist Gießen nicht nötig! Im Topf sollte sie im Sommer 1-mal pro Woche gegossen werden, im Winter 1-mal pro Monat mit wenig Wasser.

Bis –20 °C

Sommergrün, spatelförmige aufgerichtete grüne Blätter

Von Juni bis zum ersten Frost weiße Blüten mit rötlichem Kelch, der vor dem Welken rosa verfärbt; die Blütenstängel werden bis 1,20 m lang.

Jasminum officinale

Jasmin

Mit Freude bahnt er sich seinen Weg entlang Ihrer Mauern. Geben Sie ihm eine Rankhilfe (Spalier, Eisendraht ...), und lassen Sie etwas Platz zur Mauer, damit er sich nach beiden Seiten ausbreiten kann. Pflanzen Sie ihn in einer beliebigen Ausrichtung ein, der Jasmin wird einen wunderschönen und herrlich duftenden Vorhang um Ihre Mauer legen. Von Juni bis September geizt er nicht mit Blüten – und was für welchen! Ihr Duft ist schwer und verführerisch. Es ist einfach wunderbar, einen Sommertag mit diesem Parfum zu beginnen und ausklingen zu lassen ...

Sein intensiver Duft beruhigt die Nerven.

Er wächst schnell.

Er ist die ideale Bepflanzung für eine Mauer.

In sehr trockenen Phasen sollten Sie ihn kräftig gießen (oder, für die Mutigen, mit Stroh abdecken), um den Boden kühl zu halten.

Entfernen Sie die ältesten Zweige nach der Blütezeit.

Binden Sie neue Triebe dem gewünschten Wachstum entsprechend an der Rankhilfe fest.

Er sollte nicht zu viel Wind abbekommen.

Rankhöhe: 50 cm – 5 m, Breite: bis zu 4 m

Er muss schräg genug eingepflanzt werden, dass er in Richtung Rankhilfe (Spalier, Gitter, Pergola ...) wächst. Die Triebe nötigenfalls mit biologisch abbaubarem Faden befestigen. Soll er im Topf wachsen, legen Sie am Boden eine Schicht Tonkügelchen aus. Während der Anpflanzung gut gießen.

Pralle Sonne

Balkon, Terrasse, Pergola, Mauer; im Topf oder direkt in der Erde

Im Topf 1-mal pro Woche im Sommer, sonst 1-mal alle 2 Wochen gießen.

–10 – +30 °C; als Topfpflanze sollte er in den kalten Monaten mit einem Tuch geschützt werden.

Sommergrün, kräftig grüne Blätter

Von Juni bis September intensiv duftende trichterförmige weiße Blüten mit 5 Blütenblättern

Leptospermum

Teebaum

auch SÜDSEEMYRTHE
oder NEUSEELANDMYRTHE

Er kann Meeresgischt, Wind, Trockenheit und Luftverschmutzung standhalten.

Dieser Teebaum (nicht zu verwechseln mit dem Australischen Teebaum) ist kräftig, wenig anspruchsvoll und sehr dekorativ, selbst im Winter. Sein aufrechter, kompakter Wuchs macht ihn zu einer schönen Kübel- und Gartenpflanze. Werden seine Blätter leicht gerieben, verströmen sie ihr Aroma. Er blüht lange und so reichlich, dass quasi das gesamte Laub von Blüten bedeckt ist. Dazu handelt es sich sehr zur Freude der Bienen um eine frühblühende Pflanze, die ihnen gleich zu Beginn der Saison Nahrung bietet.

Mit seinen kleinen frühblühenden Blüten ist er ein Bienenfreund.

Er kann auch in nährstoffarmen Böden blühen.

Er hat duftende Blätter und eine lange Blütezeit.

Schneiden Sie ihn nach der Blüte sanft zurück.

Frost verträgt er nicht; bei Temperaturen unter –5 °C kann es gefährlich für ihn werden.

Höhe: 30 cm – 2 m

Pflanzen Sie ihn an einen sonnigen Platz in gut gedüngte Erde. Wenn Sie ihn im Winter anschaffen, stellen Sie ihn in eine geschützte Ecke auf dem Balkon. Direkt in den Boden sollte er im Frühling gepflanzt und dann gut gegossen werden.

Sonne oder Halbschatten

Auf dem Balkon oder der Terrasse im Kübel oder im Garten direkt in einer gut gedüngten Erde

Im Kübel sollte er im Sommer reichlich, im Winter in größeren Abständen gegossen werden. Ist er direkt in den Boden gepflanzt, ist kein Gießen nötig.

–5 – +30 °C

Kleine silbrige bis dunkelgrüne Blättchen, die wie kurze Nadeln aussehen

Von März bis Juli unzählige kleine rosa Blüten, die leicht duften

Senecio cineraria

Weißfilziges Greiskraut

oder SILBERBLATT

Weder Trocken-
heit noch Wind
noch Meeresgischt
können ihm etwas
anhaben.

Das weißfilzige Greiskraut wächst wild an der Küste, was seine Robustheit erklärt. Mit seinen immergrünen silbergrauen Blättern und seinen im hübschen Kontrast dazu stehenden gelben Blüten ist es nicht gerade unauffällig und auf den ersten Blick erkennbar. Die pelzigen grauen Blätter schützen die Pflanze vor dem Austrocknen durch den Wind. Sein urtümliches Aussehen fügt sich nicht nur gut in den Anblick einer Meeresküste, sondern auch eines Blumenkastens, eines Kübels oder eines Gartens.

Das Greiskraut trotzt Salz, Wind und Sonne.

Es braucht so gut wie kein Wasser.

Schneiden Sie seine Blüten zurück, damit es seinen kompakten Wuchs und ein schönes Blattwerk behält.

Zu viel Schatten

Zu viel Wasser

Bei Temperaturen unter –10 °C wird es ihm zu kalt.

Höhe: 50 – 70 cm

Pflanzen Sie das Greiskraut in einen sandigen bis steinigen Boden. Beim Pflanzen gut bewässern. Wenn Sie es in einen Topf pflanzen, decken Sie zum Überwintern seinen Fuß mit Stroh ab und finden Sie einen geschützten Platz.

Pralle Sonne

Balkon, Terrasse, Garten; im Topf oder direkt in der Erde

Sehr wenig gießen

–10 – +30 °C

Gefiederte, gezackte Blätter, die in Rosetten angeordnet und in wolligem Silber-Grau gefärbt sind

Im Juni bis Juli kleine kräftig gelbe Blütenkörbe

Skimmia rubella

Skimmie

Die Skimmie ist pflegeleicht und lässt Ihren Balkon oder Wintergarten leuchten.

Solange man die Skimmie an ein halbschattiges bis schattiges Fleckchen stellt, braucht sie nur sehr wenig Pflege (keinerlei Zu- oder Rückschnitt nötig). Der kleine immergrüne Strauch hat einen schön kompakten runden Wuchs und ist im Frühling reichlich mit Rispen voll duftender Blüten gesegnet. Darauf folgen bei befruchteten weiblichen Pflanzen (auch „Frucht-Skimmien" genannt, im Unterschied zu reinen „Blüten-Skimmien") und zweigeschlechtlichen Züchtungen rote Beeren, sodass der Strauch den ganzen Winter über bunt bleibt. Der milde Duft der Skimmie erinnert an den der Orangenblüte und ist einfach herrlich.

Sie hält Frost und Luftverschmutzung aus.

Sie ist eine Bienenweide.

Am besten entfernen Sie zu schmächtige oder krumm wachsende Zweige.

Direkte Sonne und zu starke Trockenheit sind Gift für sie.

Kalkhaltige Böden und kalte Winde sind zu meiden.

Höhe und Breite: bis zu 1 m

Wählen Sie einen schattigen Platz, und pflanzen Sie sie am besten im Herbst in gut durchfeuchtete Heideerde. Während der Anpflanzung gut gießen.

Halbschatten bis Schatten

Auf dem Balkon im Topf oder direkt im Boden in einer gut gedüngten und kühlen Erde

Die Erde sollte immer feucht sein.

−10 – +30 °C

Leuchtend grüne ovale kräftige Blätter

Im Frühling weiße Blüten, aus denen sich rote Beeren entwickeln können, die den ganzen Winter über bleiben

Pflanzenregister nach Trivialnamen

Zimmerpflanzen

Balkon- und Gartenpflanzen

Pflanzenregister nach Superkräften

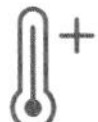

Verträgt Hitze

Ist kälteunempfindlich

Braucht nicht viel Wasser

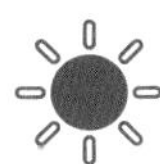

Gedeiht im Schatten oder Halbschatten

Verträgt direkte Sonne

Ist besonders dekorativ (Blüten, Beeren)

Reinigt die Luft

Eignet sich als Ampelpflanze

Lässt sich gut vermehren

Dank

Zuallererst möchte ich meiner Mama danken, mit der ich die Leidenschaft für die Natur teile und die mich auf dem gesamten Weg der Realisierung dieses Buches begleitet hat. Vielen Dank auch an meine ganze Familie für die stete Unterstützung von Beginn meines Pflanzenabenteuers an sowie an alle, deren Wege sich auf die eine oder andere Weise mit dem meinen kreuzten und es mir ermöglichten, mit Succulente Design Végétal meine Berufung zu meinem Beruf zu machen. Ein riesengroßes Dankeschön gilt auch dem gesamten Team, das an der Entstehung dieses Buches mitgewirkt und mich bei diesem schönen dritten Buchprojekt begleitet hat.

1. Auflage

Die Originalausgabe erschien unter dem Titel *50 plantes (vraiment) increvables*

Projektleitung dieser Ausgabe: Dr. Iris Hahner
Producing: SAW Communications, Redaktionsbüro Dr. Sabine A. Werner, Mainz
Übersetzung: SAW Communications, Julia Gilcher
Lektorat: SAW Communications, Sylvia Ederle
Satz: SAW Communications in Zusammenarbeit mit alles mit Medien, Anke Enders, Sprendlingen
Umschlaggestaltung: Atelier Versen, Bad Aibling
Herstellung: Timo Wenda

Penguin Random House Verlagsgruppe FSC® N001967

Druck und Bindung: Těšínská Tiskárna

Printed in the Czech Republic